采购2025
数字化时代的采购管理

宫迅伟◎等著

Purchasing in China 2025

Purchasing Management in the Digital Age

机械工业出版社
CHINA MACHINE PRESS

图书在版编目（CIP）数据

采购2025：数字化时代的采购管理/宫迅伟等著．—北京：机械工业出版社，2019.1（2024.1重印）

ISBN 978-7-111-61388-6

I. 采… II. 宫… III. 数字技术－应用－采购管理 IV. F253.2-39

中国版本图书馆CIP数据核字（2018）第256418号

采购2025：数字化时代的采购管理

出版发行：机械工业出版社（北京市西城区百万庄大街22号 邮政编码：100037）
责任编辑：施琳琳　　　　　　　　　　　　责任校对：李秋荣
印　　刷：固安县铭成印刷有限公司
版　　次：2024年1月第1版第8次印刷
开　　本：170mm×242mm　1/16
印　　张：15.5
书　　号：ISBN 978-7-111-61388-6
定　　价：69.00元

客服电话：（010）88361066　68326294

版权所有·侵权必究
封底无防伪标均为盗版

卷 首 语

不拥抱数字化时代，采购就会被淘汰。因为，采购负责链接内外部供应网络，是数据流交互的枢纽，管理着端到端的价值链。数字化时代不能缺少数字化供应链，数字化供应链不能缺少数字化采购。

序　言

"既要低头拉车，又要抬头看路"，这是前辈们的谆谆教诲。成功，除了努力拼搏、脚踏实地，还要树立目标、看清前方的路。**2025成为什么样就是目标，数字化就是前方的路。**

作为采购人，我经常在思考：未来的采购是什么样的？

面对数字化时代，很多采购人在焦虑：采购的路还能走多久？

面对转型升级，很多企业家在思考：采购管理有哪些可以创新？

在互联网环境下，采购如何协调端到端的价值链？数字化采购如何转型？

采购人经常抱怨的资金问题、小批量多品种问题，数字化是否有解决方案？

上述问题值得每一位采购人，CEO、CFO、COO、CIO、CPO、咨询师等一切关注采购的人思考。

于是我起心动念，决定写一本书来回答这些问题，试图为未来画一幅像，为今天找到一个发展路径图。

这个未来，不是100年以后，而是2025。为什么是2025？制造业是国民经济的支柱产业，是工业化和现代化的主导力量，制造业的兴衰印证着世界强国的兴衰。美国制订了先进制造业计划AMP，德国制定了工业4.0，中国制定了《中国制造2025》，**日韩也制定了相应策略**，这些计划都指向制造业创新和工业互联网。这个时代的最大特征是数字化。于是，我们以 2025 数字化时代的采购管理作为研究对象。2025 目标的实现，必须具有强大的供应链支撑；企业竞争优势的保持，必须具有匹配的、落地的采购供应战略。

一个人的视角有限，我组织了几位在各自领域中颇有建树的知名专家数次进行研讨，他们是：

- 胡奇英，国家供应链战略课题组成员，复旦大学教授、博士生导师；
- 邱伏生，中国机械工程学会供应链专委会主席，著名智能制造专家；
- 汪亮，北大纵横管理咨询公司高级合伙人，"控制与激发"理论开创者；
- 邓恒进，中国技术经济学会 VE 专委会常务理事，南通大学商学院副教授（博士）；
- 张晓星，中智汇聚（北京）投资管理公司 CEO，高级国际财务管理师。

前期参与的还有：

- 董明，上海交通大学安泰管理学院副院长、教授、博士生导师；
- 郝皓，上海财经大学教授、博士生导师，著名采购管理专家。

他们都是中国采购商学院的专家，都是"中国好采购"大赛的评委。

我们在魔都上海的高楼大厦中勾画，希望触摸未来的屋顶，对未来数字化时代有个更为清晰的洞见；我们住进苏州太湖民宿，渴望让观点接些地气，找到落地的解决方案，而不是居于空中楼阁；我们爬上莫干高山，期望从 1984 年经济改革思想史上那个著名的莫干山会议中找点灵感，以期为推动采购数字化转型做些贡献。一对多，多对一，历时小一年时间，唇枪舌剑，遂成此书！

说到 2025 年，或许你认为有点高调，其实这是不能回避、无法回避、必须直面的问题。2025 年是一个时间，总会来到，中国制造变为中国智造、中国创造，是突破经济发展瓶颈的必然选择。

2025年，中国的GDP总量将追赶美国。如果你打开网络，你就可以看到各种人的推算，不管出于什么目的，人们就是喜欢推算中国何时能追上美国；2025年，5G（第五代移动通信技术）将大面积投入运营，网速将是毫秒级的，这是物联网的技术基础，一个万物互联的时代呼之欲出；2025年，资源环境约束将得到强化，麦肯锡预测到2030年，世界对资源的需求量会增加70%，而美国经济学家帕拉格·康纳在《超级版图：全球供应链、超级城市与新商业文明的崛起》一书中预测会增长1倍，全球供应中断风险加剧；2025年，90后成为职场主力，管理层为80后，他们自由独立、习惯使用二维码，传统管理方法在他们身上很难奏效。

这就是2025时代的画像，世界变了，采购怎么办？

中国制造与发达国家相比差距巨大，管理理论研究与发达国家相比差距同样巨大。思考如何做好"中国采购2025"，这是时代的呼唤、企业发展的需要，期待本书能在采购与供应链领域中做些深度研究，与大家共同探讨。

本书的难点在于，它不仅仅是对作者过去经验的总结，也不仅仅是对现有最佳实践的萃取，更多的是对未来的一种描述。数字化发展迅猛，对未来如何抓得"准"，以便更好地用理论指导实践，是本书最大的难点。专家数次参加会议，对专业术语反复切磋，对引用的数字力求找到最权威的出处。为寻找最佳实践，我访谈了数位业内人士，走访了多个数字方案提供商，实地考察了京东、阿里巴巴等领先企业，力求回答数字化转型是什么、为什么、怎么做。

本书有很多理论创新，不仅定义了"新计划经济"，还提出了"劣后供应商"，给出了质量工具FMEA的新应用，最为重要的是专家为企业采购数字化转型描绘了一个4.0路线图，希望以此诠释"新采购"。

本书是写给谁的？

（1）这是一本写给未来的书。

工业4.0是德国制造的代表，2025是中国制造的国家战略，"物联网＋

互联网＝智慧地球"是 IBM 对未来的描述。"增强制造业创新能力"是中国制造 2025 的核心任务，"工业化、信息化深度融合"是其战略制高点。

我想说，未来是"一切皆数字，一切皆可控"的时代。采购与供应链管理是什么样的，希望本书能为你画个像。

（2）这是一本写给采购的书。

中国 GDP 世界第二、制造业世界第一、工业门类世界最全，中国的采购管理者理应大胆实践，借助数字化技术，快速赶超竞争对手。中国的理论研究者理应总结中国实践，对外传播中国声音。作为中国采购人，我们应该不断思考并践行！

（3）这是一本写给现在的书。

我们不但要低头拉车，还要抬头看路。以终为始，站在月球看地球才能具有高瞻远瞩的立意，站在未来看现在才能具有大格局。有了高立意、大格局，我们才能找准通向 2025 的新路标，成就 2025 的新宏图。

有人可能会问，你们的预测会准吗？我告诉你，不会。为什么？因为准的东西是不需要预测的，预测总是不准的，但"正是因为不准，所以才需要预测"，这是我非常喜欢讲的话。描绘未来，我们总摆脱不了现在视野的局限，总是低估经济社会发展的动能。从自己的人生经历看，我们确实很难准确预测 5 年以后的事情。

奇瑞董事长尹同跃在 2018 年 4 月 29 日 CCTV2《对话》中讲，1986 年中国政府才把轿车列为支柱产业，当时全国汽车产量达 37 万辆，主要是卡车。他代表一汽集团花了半年时间做了一项关于家庭轿车的调查，预测 2000 年中国家庭轿车销量为 100 万辆，并报给国家计委、统计局，领导们提出质疑，质问"油从哪儿来，路在何方"？可事实是，2001 年中国汽车产量为 234 万辆，2017 年中国汽车产量为 2888 万辆。

不要因为不准，不敢做预测，也不要因为担心别人挑战，不敢做决策，这是我一贯的主张。只有预测了，才能"看见"未来，才能为今天的发展寻找前进的方向，为通向未来寻找一个路径图。我们可以通过努力，提高预测的精度，可以不断探索，并不需要停下前行的脚步。我们还是一起大胆预测 2025 吧，那是一个美好的时代，探索的过程必将非常有趣、非常有意义。

企业转型升级，采购如何创新？降本手段用尽，采购如何降本？这些问题值得我们去探讨；供需如何精准对接，组织如何高效协同？这些值得我们去深究。

希望本书能给大家带来一些启发。

宫迅伟
中国采购商学院首席专家
"中国好采购"大会创始人

目录

卷首语

序言

第1章 从"花钱买东西"到"专业技术活"
——采购人员新角色

导语 / 001

采购为什么需要专业 / 002

专业采购需要具备的核心技能：4+6 / 010

采购经理人的领导力如何由"管控"到"赋能" / 011

第2章 从"辅助支持"到"战略职能"
——采购功能新定位

导语 / 031

为什么要从"辅助支持"转变为"战略职能" / 032

采购未来的战略职能定位是什么 / 037

采购如何从"辅助支持"转变为"战略职能"：
  劣后供应商和帮扶供应商 / 058

第3章 从"拍脑袋"到"数据决策"
——采购决策新思维

导语 / 077

数字化时代，采购需要数据决策 / 078

数字化时代，采购协同决策模式 / 081

数字化时代，制造业向零售业学什么 / 099

第4章 从"应急救火"到"供应FMEA"
——采购风险新对策

导语 / 106

2018年,中兴芯片事件,让全体中国人意识到,供应链风险就在眼前 / 107

2017年,舍弗勒环保断货事件,让采购人明白政策风险 / 111

两起事件,给中国采购人带来的启示 / 113

国家层面如何应对风险 / 114

供应链中有哪些风险 / 116

质量工具FMEA可以给供应链风险管理带来哪些启示 / 119

最佳实践:数字化采购过程中的偏差管理 / 120

第5章 从"应收账款保理"到"区块链+"
——供应链金融新模式

导语 / 131

什么是供应链金融 / 132

中国供应链金融的发展历程:从1.0到4.0 / 136

企业如何切入供应链金融 / 142

什么是区块链 / 152

供应链金融2025:区块链+供应链金融 / 158

第6章 从IT"信息时代"到DT"数据时代"
——采购4.0数字化转型新动能

导语 / 170

为什么一定要进行数字化转型 / 171

什么是数字化转型,转什么,往哪里转 / 173

什么是"新采购" / 174

数字化采购应用场景举例 / 177

数字化采购 4.0 转型路径图 / 180

正在寻求突破的 4.0 产品 / 194

如何推动数字化采购 4.0 转型 / 200

数字化转型追求的目标是什么 / 202

第 7 章　从"传统市场经济"到"新计划经济"
——数字化时代的采购管理新趋势

导语 / 207

是什么让大家想到了计划经济 / 208

"新计划经济"一词是从哪里来的 / 209

人们反对"新计划经济"的理由是什么 / 210

新计划经济和传统计划经济的区别是什么 / 211

"新计划经济"怎样解决传统市场经济中的问题 / 215

究竟什么是"新计划经济" / 216

怎样才能实现新计划经济 / 219

物联网、虚拟现实（VR）、3D 打印帮助企业由 B2C 实现 C2B / 221

结语 / 224

附录　数字化采购术语

第1章

从"花钱买东西"到"专业技术活"
——采购人员新角色

导 语

如果你做10年研发，人们的评价是"专家"；如果你做10年质量，人们的评价是"专家"；如果你做10年采购，人们的评价是什么？

"花钱买东西的""肥差儿"，面对这些评价，采购人如何用"专业"规划职业生涯？"采购降本10%，利润可能翻倍"，管理者如何用"专业"让它落地？2025数字化时代，采购连接端到端价值链，处在供应网络数据交互枢纽，如何用"专业"创造价值？供应商是独立法人，跨部门互不隶属，面对90后员工主力，管理如何由"管控"转为"赋能"？管理可以让所有人按IT指令行事，减少差错，提高效率，但如何激发创新智慧？

采购为什么需要专业

"花钱买东西的""肥差儿",这是很多人对采购的评价。

很多公司就是这样管理采购的:把采购当作行政工作,当作支持部门、服务部门;对采购活动多轮、层层审批,重在监督,将其当作审计的重点。个别领导还在不同场合若明若暗地说,"采购是个危险岗位""采购要定期轮岗""采购是个黑洞",这些现象在中国很多公司都普遍存在。不把采购当作专业活,采购的价值自然就得不到充分发挥,也不利于采购人员的职业生涯发展。

2018年7月24日,CCTV2在《第一时间》栏目专门推荐过一本书——《如何专业做采购》㊀。为什么CCTV2专门推荐这样一本采购书籍,我想就是因为"专业"这两个字。

在全面推进"中国制造2025"和"互联网+""数字经济"时代的背景下,采购不仅是个专业活,更是个技术活。

从猎头角度看,专业采购、懂技术的采购更吃香

1. 企业越来越重视采购"技术"背景

中国采购商学院与几家猎头公司做过交流,猎头发现企业在招聘采购人员时,越来越重视"技术"背景,甚至直接从开发部门调入一些人员从事采购工作。采购人员在与供应商交流的过程中,会提及很多技术问题,会使用很多术语,甚至会共同开展改善质量、降低成本、研发新产品的活

㊀ 宫迅伟著,机械工业出版社出版。

动。这些活动都需要采购人员具备产品知识、工艺知识、精益生产等专业技术知识。

2. "战略采购"岗位在增加

企业要求采购人员不能仅是"买东西",采购部门不能成为被动的"服务部门",而要站在公司战略高度考虑供应商寻源策略。企业的竞争是供应链的竞争,而采购端的供应链需要采购人员从战略高度去审视,去选择供应商、选择合作模式。采购人员要立足所有权总成本、产品生命周期总成本,在供应市场中寻找机会,为企业创造价值。

从财务数据看,采购一定要专业

1. 采购需要专业

采购金额占销售金额的比例平均为54.3%,采购需要专业(见图1-1)。不同公司、不同行业的这个占比不一样,汽车零部件行业要高些,一般会占到70%左右;奢侈品消费品行业的这个比例要低些,但平均为54.3%。也就是说,公司挣来的钱,一半以上被采购花掉了,采购当然需要专业。

2. 采购不能不专业

采购成本降低10%,资产收益率可以翻番,采购不能不专业(见图1-2)。采购成本对资产收益率有影响,大家都知道这一点。但影响程度有多大呢?我们从图1-2的计算过程中得出的结论是采购成本降低10%,资产收益率翻一番。每个投资者都十分关心资产收益率,因为都希望以最少的投入换来更大的产出,既然采购降本对它有这么大的影响,当然采购不能不专业。图中也是一个假设的条件,读者可以自己测算一下自己公司的情况。

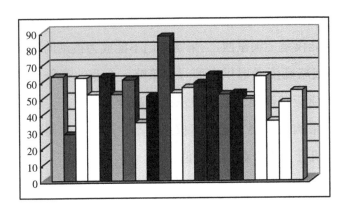

图中柱条从左到右依次为：
食品及相关产品 63
烟草产品 28
纺织机械产品 62
服装及其他纺织 52
木材及林木产品 63
家具及装饰 52
纸业及同类产品 61
印刷出版 35
化工及同类 51
石化与煤炭 87
橡胶及塑料 53
皮革及其制品 56
石料黏土及玻璃制品 59
主金属行业 64
纺金属产品 52
工业机械与设备 53
电子电气设备 49
交通设备 63
仪器及相关产品 36
其他生产行业 47
平均 54.3

图 1-1 采购金额占销售金额的比例（%）

资料来源：米歇尔 R. 利恩德斯，哈罗德 E. 费伦. 采购与供应管理 [M]. 北京：机械工业出版社，2003.

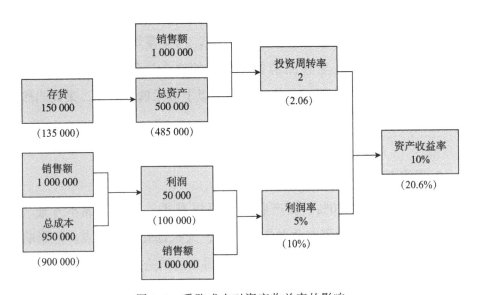

图 1-2 采购成本对资产收益率的影响

注：1. 存货约占总资产的 30%。
   2. 采购占销售额的一半，为 50 万元。
   3. 假定采购成本减少了 10%。

3. 采购必须专业

采购成本降低 10%，利润率可以翻倍，采购必须专业（见表 1-1）。

表 1-1　采购成本与利润率的简单关系

销售额	10 亿元
采购金额	5 亿元
利润率	5%

一般认为，采购降本 1 元，公司就增加了 1 元利润，大家都懂得这一点。还有些人表述为，采购降本 10%，公司利润增加 10%，因为降低的这 10% 刚好变成了利润，这些都没错。

但如果你从表 1-1 计算的过程看，则会发现采购降本 10%，利润可能翻倍。此表简化模拟了一家公司的经济数据。现在公司利润率是 5%，销售额为 10 亿元，利润为 5000 万元。如果采购降本 10%，可以省下 5000 万元，相当于利润率翻倍。我们可以看到，如果让利润增加 5000 万元，就要再增加 10 亿元销售额。在市场增量有限的情况下，开源很困难，节流变得非常关键。采购降本对公司利润的影响是巨大的，这个道理大家都懂，但不一定从这个角度分析过。

由以上数据可见，采购对公司经营效率有非常大的影响，不专业不行。

从四个发展趋势看，采购不专业不行

1. 企业转型升级需要采购更专业

中国经济发展由高速变高质量。经济高速发展，企业最重要的工作是跑马圈地，进行开源，扩大市场。但进入高质量发展后，企业需要节流，需要进行供给侧改革，并且必须转型升级。转型即企业需要从事跟以前不一样的业务，由于对象不同，企业需要重新制定采购策略，需要采购人对供应市场进行重新了解，这些都需要专业知识。升级即意味着企业生产更复杂的产品，采购更复杂的产品，供应市场、供应链管理都随之复杂，需要采购人更新专业知识，必须更专业。

2. VUCA 时代需要采购更专业

VUCA 是 volatility（易变性）、uncertainty（不确定性）、complexity（复杂性）、ambiguity（模糊性）的缩写。美国人把这些本来用于军事的词汇搬到了商业中。外部市场和技术发展日趋动荡，倒逼企业保持创新活力。企业需要以最快的速度获得外部资源，密切跟踪技术变化，及时进行产品创新和管理创新，而**供应商正是重要的创新源泉之一**。很多先进企业通过设定供应商创新指标来鼓励供应商创新，以获取企业自身的创新优势。此时采购人员需要具备专业的知识及敏锐的洞察力，对创新技术、工艺、产品以及管理模式保持高度的敏感性。

3. 全球化运营需要采购专业

中国经济不断对外开放，不仅请进来，未来还要大踏步走出去。随着中国推动"一带一路"倡议的实现，一定会有越来越多的企业走出国门；随着对外开放的不断扩大，一定会有更多的外企走进中国。中国企业正逐步融入全球经济，作为对接外部供应网络的窗口，采购部门和采购人员一定要具备全球视野和国际化专业能力，包括：跨文化沟通能力、地理知识、国际贸易知识、驻在国法律，等等。

4. 数字时代需要采购更专业

采购处在与外部供应商、合作伙伴端到端的接口，处在数据流交互的顶端。采购人需要协调端到端价值链，找到分析、组织、转化、运用数据的途径，将丰富的来自市场与供应商的数据用在决策上，此时需要采购人员具备有关数字化的专业知识，包括大数据、云计算、物联网、移动互联网、人工智能、区块链等知识。不要闹这样的笑话："我说O2O（online to offline，线上到线下），你问 O2O（零二零）是什么意思？"这就应了那句话"**时代淘汰你，与你无关**"。专业采购人员必须思考，如何利用颠覆性技术和数字化网络实现转型，如何利用业务数据提供决策支持和业务洞察，如何利用数字化技术为企业创造竞争优势，不被时代抛弃。

从大家对采购的认识看，采购专业性还有很大的提升空间

1. 很多中国企业选择采购人员只看"忠诚"，不看"专业性"

我们做培训时，经常问学员，公司选择什么样的人做采购，绝大部分的回答都是"信任的人"。我们也经常听到老板讲，选择采购人员很重要，一定要选择一个可信的人。如果公司选择采购人员时，只看重忠诚、可信赖，不考虑采购人员的专业性，那么一定会落后于这个时代。采购人员的诚信、忠诚重要不重要呢？当然重要，实际上，所有的岗位都需要忠诚，但不能只强调忠诚，企业应更看重"专业性"。实际上，表面上"可靠"的人未必可靠，比如让老婆去管财务，但老婆不专业，本来想避税，结果变成了逃税。采购也是一样，有的老板会让小舅子管理采购，但小舅子如果不专业，会造成很多问题，比如价格没砍到底，或者流程不规范。这时候别人即使看到了，也不愿意去说，或者不敢去说，结果问题越来越大。

2. 发达国家对采购的重视程度也是逐步提高的

著名咨询公司德勤在 2017 年对 36 个国家的 480 名首席采购官（CPO）做过调查，60% 的 CPO 认为他们的采购人员缺乏专业采购技能，尤其是在数字化采购时代。

国外对采购的认识，较早前也是以满足"交付"为主，就像中国的"供应"部门，后来发现采购对财务数据有那么大的影响，就开始重视采购降本了。所以，那些**著名的公司内部都有一套完备的成本控制手段，有的建立标准成本模型，设立标准成本数据库**；有的开展跨部门的

"应当成本"降本活动，把降本融入日常工作中。随着产品的复杂化、外包的增加，尤其是当下数字化的迅猛发展，供应网络的建设和供应链的管理变得更加重要了。采购逐步演化为战略职能，很多公司的 CPO 进入董事会。在德国大众汽车公司，很多供应商的选择策略是董事会做出的。

3. "采购专业性"是一个待开发的金矿，还有相当大的挖潜空间

企业对采购的管理，分事前、事中和事后。事前，企业可以有标准成本的控制、预算的控制以及供应商选择和管理的流程。有了这些举措，采购管理就不会太偏离"航线"。事中，公司可以执行一些审批流程，还可以应用一些降低成本的方法，或是用项目管理的方式，把大家的智慧发挥出来。事后指的是审计。如果我们能从以上多个角度来管理采购，采购的风险就会降低。**所以，企业家和领导不要把大量精力放在怎么防止采购腐败上，而要更多地考虑怎么提升采购的专业性。**如果光是换一个人，如果这个人不专业，即便他是老板的亲戚，也没有用。

从行业领先公司的做法看，采购的专业性越来越得到重视

1. 行业领先公司肯为专业采购人才培养花钱

实现卓越采购，没有免费午餐，需要专业的采购人。从培训市场的大数据看，外企重视培训，越优秀的公司越重视培训。企业对采购人员的培训投入在增加，领先的公司制订专业采购人员培养计划，鼓励采购人员参加专业论坛，比如中国采购商学院发起的"中国好采购"千人大会，已经连续成功举办三届。各地采购协会组织的论坛也是一场接一场，各种采购培训班非常火爆。

2. 行业领先公司肯为采购管理投资

先进的采购工具和战略对实现成本节约必不可少，需要投资。从

咨询业务看，越来越多的公司开始有了采购咨询需求，咨询供应商管理提升、建立成本模型、供应链整合集中采购、战略采购等。近两年，采购咨询业务明显增加。卓越的公司还在尝试如何进行数字化采购转型。

阿里巴巴、京东等互联网巨头，以及一些网络科技先锋都在布局企业采购，这些都是很好的例证，说明大家都开始重视采购了。

专业"采购力"能为企业竞争力提供有力武器

我们经常可以听到各种关于"力"的表述，如洞察力、思考力、决策力、组织力、影响力、执行力等，这里我们想提出一个新概念——"采购力"，即采购专业的竞争力。读到此处，你可以思考：自己公司采购的专业性与竞争对手相比怎样？自己公司的采购策略比竞争对手的好吗？

京东似乎是"采购力"的一个很好的样板。京东信息系统得到价格优先级信息后，每隔半个小时对所有竞争对手网站同种商品的价格抓取一次，得到数据后，再跟京东的价格进行比较。最后，它会根据成本价格、优先价格、竞争对手价格、季节等因素来制定最终价格。这些都是系统自动完成的。

我们去企业做咨询或培训时，至少问过几千家企业是否具有采购供应管理战略，大部分企业都没有一个可以支撑公司发展战略的采购供应管理战略，更谈不上一个具备差异化竞争优势的采购供应管理战略。当被问及竞争对手的采购策略是什么时，也很少有企业能够回答。

中国企业管理水平距离卓越的现代企业管理还有很大一段距离，距离数字化采购时代的要求更是差距巨大。面临"互联网+"对各领域的强烈冲击，多数企业还没意识到，自己需要一个数字化采购转型的路径图。企业要想补齐这些短板，亟须专业采购人发挥作用。

专业采购需要具备的核心技能：4+6

按照《如何专业做采购》这本书中的表述，专业采购人员需要具备 4 大核心能力，即"SCAN 专业采购 4 大核心能力"。

SCAN 是以下 4 个英文词组的首字母组合：

- supplier management（供应商管理）
- cost analysis（成本分析）
- agreement management and compliance management（合同管理与合规管理）
- negotiation skill（谈判技巧）

所谓"4 大核心能力"，也就是要能回答以下 4 个问题：

（1）为什么选择这家供应商？

（2）为什么是这个价格？

（3）如何控制合同风险与合规风险？

（4）如何进行一场双赢的谈判？

采购人天天都要面对这 4 个问题，天天都要接受各方询问，并且不断在解释。

除了这 4 大核心能力，采购人员还需要具备以下 6 项通用能力：

（1）学习能力。包括学习规划、学习心态、学习方法、学习应用；

（2）冲突管理能力。包括沟通能力、提出建设性方案的能力、合作能力；

（3）变革管理能力。包括变革策略、愿景管理、激励、个性化关怀；

（4）创新能力。包括创新思维、创新特点、创新方式、创新人格；

（5）管理决策能力。包括理性决策、灵活性、创新性、决策方式；

（6）心理资本。包括具有良好的适应性、韧性、专注度、乐观意识。

这 6 项通用能力是专门针对采购人的工作情景和工作要求，结合心理学、管理学等知识，由中国采购商学院组织心理学家、管理专家、采购专家根据科学方法萃取而来的。

中国采购商学院据此自主研发了《采购职业经理人综合能力素质测评系统》(简称 TA 测评系统)。该系统基于采购行业的背景及大量采购行业内部数据而建立，其中包含不同层级、不同部门、不同维度的评估模型。大家可以自己测一测，看看是否具备了专业采购必备的 4 大核心能力和 6 项通用能力。这套系统可以帮助企业选对人，帮助个人做好职业生涯规划。

采购经理人的领导力如何由"管控"到"赋能"

在"互联网+"环境下，管理理念、组织架构会发生重大变化，会打破管理的科层制，像海尔的"人单合一"、谷歌的"创新团队"，公司可能会重新定义。工业时代基于科层制，创造力时代基于赋能。

为什么采购经理人需要重视领导力建设

2018 年 5 月 18～19 日，中国采购商学院在阿里巴巴杭州总部举办"CPO 首席采购官工作坊"。参加工作坊的 30 余位 CPO 通过投票方式选出了他们最关注的管理主题。其中"采购经理人领导力建设"与"采购创新出路在何方"并列排名第一。

谈到领导力，我们容易想到的是企业中管理者与下属之间的关系：管理者通过各种管理举措对下属行为实施影响，提升下属工作效能，带领团队达成目标。但作为企业供应链管理的核心部门，其采购经理人领导力的范畴远不止于此。

首先，采购经理人需要与公司内部各相关部门进行协调。以典型的制造业企业为例，采购经理人需要与研发部门深度配合，在深刻理解产品技术特征的基础上制定合理的供应商选择策略及定点建议，并向供应商传达技术要求，同时也要将供应市场的技术趋势向研发部门反馈。采购部门需要与质量部门沟通，理解公司产品对采购物料的质量要求，并设计供应商体系评审及采购质量控制方案；采购部门还需要与生产制造部门协调，基于生产计划编制采购计划，做到既能保证供应，又可以合理控制库存；采购部门还要与公司财务部门沟通，设计合理的采购成本控制及采购款支付策略；此外，仓储物流、法务、人力资源、售后服务、EHS 等部门，也都与采购部门有高频度的工作联系。**采购经理人与公司内的兄弟部门开展工作沟通与协调，容易吗？有过采购工作经历的人都知道，这太难了！** 一方面，公司各部门之间属平级关系，不存在"谁领导谁"的特权；另一方面，采购部门在公司整体组织框架中还常常处于"弱势"地位。之所以出现这种现象，既有公司高层管理者对采购的战略意义重视不足的原因，也有传统职场对采购职责的偏见和误解方面的原因，当然采购人员忽视自身专业能力建设也是重要原因。弱势久了，一些采购经理人也习惯了这个定位，在与兄弟部门的协调中，若出现冲突会一味退让，怯于坚持主见并对他人施加影响；还有的采购经理人甚至干脆把所在部门定位为"纯服务部门"，回避相关管理责任。"采购人员的领导力如何？不存在的！领导让我们干什么，我们就干什么"——我听过一位采购经理如是说。这种弱势定位，显然严重偏离了企业对"供应链管理核心部门"的要求。

麻烦的事还远不止于此。如果把视角投向企业外部，采购经理人需要对公司供应商进行管理：供应商寻源、选择与评估、采购合同谈判、供应商绩效管理、采购订单管理、结算与支付、索赔……都是采购的关键职责。在管理比较成熟的企业中，采购人员还背负着向供应商输出管理，辅导供应商管理改善的责任。**外部沟通的难度比内部沟通大得多！** 兄弟部门好歹与采购部门是"一家人"，即便日常工作中有冲突，大家的总体目标是一致的，实在有处理不了的矛盾，还可以诉诸高层领导协调解决。但供应商是"外人",是有独立法人地位的商业主体。如何才能对供应商施加影响,使其行为符合我方要求?我们常说要与重点供应商建立"战略型合作伙伴关系"。这是一个理想化的目标,但具体应当如何做到?特别是采供双方在质量、交期、成本等核心环节出现严重分歧时,该如何处理?一些采购人员只会使用简单粗暴的管理措施,如压价、罚款、威胁减少订单数量等。这些措施对弱势供应商或许有点效果,但对强势供应商根本不起作用。

即便把领导力的范畴缩窄到采购部门内部上下级关系,采购经理人也越来越觉得为难。过去遇到员工管理问题,只要领导强压一下,吼一句"你还想不想好好干了!"或者"再干不好扣你奖金!"多数时候还是管用的。但如今我听到越来越多的采购经理人抱怨他们在员工管理中遇到的困境:首先,由于前述采购部门定位等问题,采购人员职业发展与薪酬成长受限,优秀人才不愿来,即便来了,企业也留不住。其次,传统员工绩效考核与薪酬激励模式失效。采购活动呈现出越来越强的 VUCA 特征:内外部环境动荡,工作内容复杂,过程不确定性高,目标模糊,计划赶不上变化……试图通过标准化考核评价员工绩效,或通过薪酬奖惩方式对员工实施"激励",效果越来越差。

更重要的是,到 2025 年,今天被我们称为"新生代员工"的 90 后、00 后员工将成为职场主力军。他们对自由和独立有很高的要求,即使是当一个普通的公司员工,也想要有一番自己的天地,不仅是埋头付出,还会考虑自己在这家公司的工作,是不是自己想做的事情,能不能彰显自己的价值。他们厌倦从事烦琐的事务性工作,也似乎特别"不服管",受不得批评,"一言不合就离职"的现象屡见不鲜。采购部门是企业内外部沟通协调的枢纽,也自然处于各类人际冲突和矛盾的旋涡中心。如何帮助年轻员工提升心理安全空间,正视工作关系中的困难与矛盾,这也是采购经理人面临的重大挑战。

还有一个趋势值得我们关注:自由职业者的崛起。2016 年,美国自由职业者的比例已超过5300万人，希拉里在演讲时说，美国自由职业者已占职场总人数的1/3，并有望在2020年达到1/2。中国也面临同样的趋势，在互联网环境下，自由职业者获得了越来越大的生存机遇。到2025年，很可能多数员工和企业之间已不再是传统的雇用关系，而是借助第三方平台的合作关系。信用好、能力强的员工"选择"企业的余地很大。企业工作任务分派也很可能不是通过强制指令方式下达，而是员工主动"认领"的。像中国采购商学院组织的"中国好采购"年度大会，每次会务都是志愿者"认领"任务。在这种背景下，采购经理人该如何吸引和保留优秀员工？过往的生硬"管法"还有效吗？

由此可以理解，为什么CPO如此关注采购经理人的领导力问题。

控制与激发

采购管理领域出现的以上问题本质上反映了传统管理学的一个重大缺陷（bug）。由于采购工作的特殊属性，使这个缺陷特别凸显。

传统企业管理理论和实践起源于20世纪初的科学管理体系，这套体系由泰勒等管理学者创立。科学管理体系的基础是"控制论"：企业管理的方方面面，无论是战略规划，还是质量、采购、财务、审计、人力资源，甚至企业文化，几乎所有的管理举措都可以抽象为一个"控制模型"。以采购工作为例，采购经理人是控制主体，下属员工、供应商乃至兄弟部门就是控制对象。如何实施控制？需要一系列的控制手段。比如对下属员工而言，控制手段包括岗位说明书、工作流程、劳动纪律、工作指令等；对供应商的控制手段主要体现为采购合同与订单。经典的控制模型还需要"反馈器"和"调节器"。采购经理人常使用"绩效考核"这个反馈器，持续观察下属和供应商的绩效水平。那么，调节器是什么？这常体现为"经济类奖惩举措"：员工干得好，就多发奖金；干得不好，就扣钱或剥夺其加薪晋级机会。供应商绩效好，就多分配一些订单；绩效不好，就砍订单，甚至踢出合格供方名录。

科学管理体系自问世以来，极大地提升了生产效率，可以说，科学管理体系成就了人类工业文明。不过，科学管理体系与控制论有一个隐含的假设前提：管理主体对管理对象具有绝对的控制力。在传统企业经营环境下，这个假设是成立的。首先，在工业化早期，企业的谈判力远强于员工。一个产业工人需要每天工作12个小时，挣得的薪水才能勉强糊口；厂外还有无数失业人员等着工作机会。在这种条件下，企业自然对员工有足够的权威。其次，控制难度低。物质匮乏条件下产品供不应求，技术含量低一些也没关系，反正能造出来就能卖掉。所以工人只要服从，按照标准化工艺流程操作即可。经理人也无须关注员工心理，能控制其行为就行。此外，多数企业还采用了垂直一体化的组织形式，物料自制比例较高。企业内部部门服从管理层的统一指挥，当然比外部供应商好管理。

但是，行业环境变了。

前面说到，今天企业界的主题词是生态化、外包、共享；新生代员工、知识型员工、个体崛起；VUCA、互联网+、丰裕社会。管理者惊讶地发现，自己对管理对象失去了绝对的控制力。采购经理人对此应该深有体会：无论是对兄弟部门、新生代员工还是供应商，自己都缺少实质性的控制力。假设前提变了，此后一系列管理举措的有效性都将存疑，传统管理学理论的重大缺陷正在于此。退一步说，即便管理者仍握有一些控制力，今天的许多关键管理目标也不是控制模型可以达成的。自主性、创新、团队精神、责任心、客户意识、学习热情……这些管理者梦寐以求的员工及供应商的优秀素质与行为，哪一项是能靠"控制"得到的呢？

缺少实质性控制力，管理者必须用一种平等的姿态和管理对象相处，并尽力影响管理对象的行为。很遗憾，现代管理学理论在这个问题上乏善可陈，至多提供了一些抽象的原则和"心法"，比如"要尊重员工""要为员工赋能""要坦诚沟通"，等等。但具体该怎么做？会遇到哪些困难？有没有类似于岗位说明书、流程之类的，可复制的管理"套路"？现代管理学亟须在"控制"这根支柱旁,搭建一根新的支柱。

我把这根新的支柱叫作"激发"。未来的高绩效采购经理人,必然是激发高手。在过去两三年里,我集中阅读了许多关联主题的书籍与文章,访谈了对这个主题有精彩见解的专家。与"激发"相关的主题非常丰富,涉及组织行为学、心理学、社会学、新型组织模式、创新理论、工作游戏化、教练技术等无数有趣的题材与内容。以下结合采购经理人的典型工作情景,我分享一些自己的思考和实践。

从绩效沟通谈起

我们先通过一个管理中的老大难问题——"绩效沟通"来对比控制与激发的差异。对采购经理人而言,这里的绩效沟通既指与下属的沟通,也包括企业与其供应商之间的沟通。

人人都说绩效沟通很重要,但根据我们的管理咨询经验,现实中定期组织开展绩效沟通的企业和管理者连5%都不到。为什么?有的管理者说,工作太忙,没有时间。这多半是个用来搪塞的理由,管理者即便没时间和全体下属或供应商开展绩效沟通,与少数绩优和绩差者定期沟通的时间总还是有的。真实的原因是:他们不敢进行此类沟通。绩效沟通太容易引发冲突了!表扬还容易些,但如果是批评,或是向下属及供应商提出高要求,很容易遭到对方的反驳。即便不反驳,对方还可以推诿或者干脆用沉默来对抗。多数管理者并不具备足够强的沟通能力和心理素质来应对这些,一想到绩效沟通中可能出现的种种冲突就头痛,所以干脆对此回避。

如果再深挖一层,为什么管理者和其沟通对象之间这么容易发生冲突?很可能是因为沟通双方的基本信任关系已被破坏,而传统以控制论为基础的管理举措要为此负很大的责任。基于控制论的管理举措的看家法宝是"胡萝卜加大棒",其策略用一句话表述就是"你做A,我给你B"。比如:

- 领导对下属说："你绩效表现好（A），我就给你加薪（B）。"
- 企业对供应商说："供货质量提高了（A），我们就多给你们订单（B）"；"再发生交期问题（-A），就把你们踢出合格供方名录（-B）。"
- 大人对孩子说："你考试再不及格（-A），我就揍你（-B）。"

如果你仔细观察和体会上面的表述，会发现其背后暗含了一个假设：对沟通对象而言，B（加薪、多拿订单、避免挨揍）是目的，具有高价值，而 A（提升绩效、改善质量和交期、好好学习）本身没有多少价值，只是博取 B 的手段。换句话说，当管理者使用控制举措时，他们内心并不信任对方会主动追求 A，所以必须要用 B 去施加诱惑或恐吓。这种简单粗暴的控制方式会带来很多恶劣的后果：首先，沟通对象的关注点会被引导到 B 上，而其心目中 A 的价值会下降，他会迅速学会用同样的句式对管理者进行"反制"。

- 员工说："薪水那么低，谁会好好干？你得给我加薪！"
- 供应商说："你们得提价，总压我们的成本，质量怎么提高？"
- 孩子说："让我好好学习？你得带我去迪士尼。"

管理者会非常震惊，为什么对方连一丁点自主性都没有？！殊不知，对方这种回应方式恰恰是由自己的控制行为引导而来的。

更要命的是，在这种心理背景下，双方都不愿或不敢承认自己的行为存在问题，因为这会减少自己的谈判筹码。反驳、推诿、沉默，都是以上心理不安全感的产物。此举又会进一步激怒对方，双方都觉得对方缺少诚意。沟通原本应该是双方一起平心静气面对和解决问题的过程，但往往演化成了沟通双方之间的人际矛盾。

在《改变：问题形成和解决的原则》一书中，美国斯坦福大学教授保罗·瓦茨拉维克（Paul Watzlawick）举了一个生活中的例子，很形象地说明了在以上控制过程中遇到的困境：某个妻子怕丈夫变心不爱自己了，便开始偷看丈夫的手机。丈夫发现后很不高兴，把手机藏起来，不让妻子看，结果妻子更加怀疑："你心里没鬼，怕什么？"于是，她更频繁地监控丈夫的各种举动，加强控制力度。丈夫大怒："我能让你管着吗！"原本可以告知妻子的日常行程，丈夫也故意不说。妻子绝望了："完了，肯定是外面有人了！"其实妻子真正想要的是与丈夫的正常关系，或者是丈夫自发的态度和行为——"爱"，但她试图用简单的控制手段达成目的，而丈夫一方也用了类似手段，结果作用力等于反作用力，控制越强反抗越大，最终彻底撕裂信任关系。我们在生活和职场中可以看见很多类似的例子，父母对子女，上级对下属，企业对其供应商……各方试图通过"加强控制"让另一方出现"自主态度和行为"，这很容易导致局中人出现如图 1-3 所示的诡异姿势：为了控制船体平衡，双方都拼命向后拉缆绳，像杂耍一样使整艘船处于危险的"伪平衡"状态。

图 1-3 船的"伪平衡"状态

这个局怎么破？旁人一看就会明白：船上的两个人，只要其中一方主动把身体拉回船的中心位置，另一方必然也会做同样的动作，除非他想栽进海里，这样就能让船体处于更稳定的平衡状态。但要做到这一点，双方必须暂时离开控制结构，先恢复基本的信任关系，进而影响对方的态度和动机，才是正解。

管理者有没有机会从这场杂耍中主动跳出来呢？难！当控制举措的效果不尽如人意时，到底是应该继续归咎于员工、供应商，还是应该检视控制结构系统的合理性？控制系统本身无法回答这个问题。管理者在使用控制举措之前，在头脑里都预先假设了控制举措和实施效果之间存在明确的逻辑因果关系。所以，他们遇到问题时往往首先想到的是继续强化控制力度，而不是怀疑控制系统本身出了差错。我们在酒店里打开热水龙头，如果发现水不热（反馈）会怎么做？第一反应是继续拧大热水龙头（调节），而不是直接怀疑酒店的淋浴系统坏了。企业管理者如果发现胡萝卜加大棒的效果不好会怎么做？他们往往会"进一步加大奖惩力度""强化宣贯，提高执行力"！这很容易把原本仅存在于行为层面的问题升级为人际关系危机，堕入恶性循环，越陷越深。

BBC 破解绩效沟通难题

这里介绍一个可以促进高效绩效沟通的工具——BBC，这个工具的核心思路源于《哈佛商业评论》2004 年 12 月刊的一篇文章"We're in This Together"。我估计你没有在其他任何管理学教科书上看到过"BBC"这个名字，因为这是本书起的名字。这里的 BBC 不是指英国广播公司，而是 back-to-back communication 的缩写，意为"背靠背沟通"。所谓背靠背，是指在开展沟通前，双方先在物理隔离状态下，比如坐在不同的会议室里，或者坐在会议室的两端思考彼此的"期待"和"反期待"，即你对对方有什么期待，你觉得对方对你有什么期待，然后以双方写下的内容为基础，进行面对面的正式沟通。有条件的话，BBC 沟通可以由管理咨询师或沟通双方都信任的第三方主持，运用熟练后再独立开展。

下面以上下级沟通为例，阐述 BBC 的沟通流程：

（1）主持人召集沟通双方，简要说明 BBC 沟通的目的和流程。

（2）沟通双方在隔离的办公空间里各自独立思考，并写下以下问题。

1）最近一年（或上个绩效周期），我对对方最满意的地方有哪些？或者，有哪些事情我想对对方表示感谢？

数量不用太多，写三条，最多五条即可。但每条都要有具体的事件支撑，不能泛泛而谈。比如，在进行上下级沟通时，上级不可以简单写"我觉得你工作很努力"，而要举出下属工作努力的具体事例。例如，"今年3月，在比较困难的A项目中，你多次加班，而且跨部门主动协调了很多资源，保证了项目按时顺利完成"。同样地，下属也不能简单地说"领导对我帮助很大"，而要说出，在具体的某项工作中上级给了哪些指导意见，这些意见如何帮助自己开展工作。

2）最近一年，我对对方最不满意的地方有哪些？

与前一项相同，每条都需要有具体事件和证据支撑。

3）重点来了。未来一年，我对对方的期待是什么？

这里最重要的仍然是"具体"。笼统的愿望，比如"工作要更积极主动""提高执行力"或者"干活要动脑子"……都属于比较糟糕的表述。下属即便听得懂每个字，也不会明白自己到底要做些什么才会让上级满意。期待，需要直接指向对方的"行为改变"。比如，上级可以说"当你在工作中遇到困难无法推进时，要主动向我汇报，但要事前拿出几条基本思路""（针对高级别采购工程师）我期待你担负起培养新人的责任，明年上半年你是否可以开发一门内训课程，结合具体案例，给新来的采购员讲讲我们在工作中最常犯的一些低级错误"。

此外，提期待时，双方需要对对方是否能达成做一下预判。过分超越对方能力范畴的事，就不要直接提了，但可以分解成对方在下个绩效周期里能实现的行为。比如，如果"开发内训课程"太难，可以改为期待对方"收集、统计新入职采购员在工作中最常犯的一些低级错误"。

对于期待，双方各提多少条合适？没有限制。有人说既然不限制，那当然提得越多越好。事实上，如果日常没有深入思考，双方短时间内能各提出五条高水准的期待是不容易的。此外，提得太多对方也记不住，反而事倍功半。

无论提了多少条期待，需用★号标注最重要的两三条。

4）最后一步。

猜猜看，对方的那张纸上写的对我的期待是什么？同样不限制条目数量，想到的就写下来。往往我们给别人提期待可以提得比较具体，但猜测别人对自己的期待时会趋于笼统、含糊，比如下属经常会猜上级期待他"努力工作"。这时主持人需提醒他："第一，我不会允许你的领导这样写；第二，如果他真的提了这个期待，你知道该具体做什么吗？"这个过程也可以提示沟通者回头去检验以上第3步中自己的期待是否足够具体。

5）以上步骤通常可在一个小时之内完成。

（3）沟通双方回到同一个办公室，在主持人的引导下，按照上一步的顺序阐述刚才写下的各项内容。

我们在给国内一家著名的家电企业做"供应商管理提升"咨询项目时，使用了BBC方法，效果非常好。亲身体验过BBC的人都有一个普遍反馈：有了这样背靠背思考的过程，人更容易心平气和地交流。即使对方谈及我的缺点，表达对我的不满，我也没那么容易发火。

前面说到，绩效沟通的一大障碍是沟通双方不敢面对自己和对方的负面情绪，这是有生理原因的：人们只要感受到他人对自己的"不满"，心理上的不安全感会被立刻唤起，肾上腺素大量分泌，血液向四肢聚集，导致大脑缺氧。在这种状态下，人很难开展理性表达和沟通。BBC的巧妙之处在于刻意营造了可有效处理上述负面情绪的安全环境。物理隔离可以让双方先在冷静的条件下进行思考，避免双方的负面情绪直接碰撞、激荡与升级。

为什么要双方先回忆对对方的满意之处？这也是个打心理"预防针"的动作。在此后表达不满之前，已经有"感动"和"满意"事件做了充分铺垫，这样被批评一方会体验到，抱怨者是相对全面、客观的，而不是胡乱发火。

在双方表达对彼此的期待时，为什么要让双方花点时间猜一下对方的期待呢？是为了制造震动、惊讶！人们在背靠背条件下猜测别人的期待时，经常信心满满，以为自己对对方很熟悉，命中率至少为80%。但实际上当对方把真正的期待亮出来时，符合率往往只有不到50%。这是一个重要的提醒：我们平时并没有认真倾听过对方的声音！特别是当一方发觉自己居然忽略了对方打★号的重要项时，心理上的震动是很强烈的。平时合作中出差错时，人们为了减轻自己的心理负担，常常习惯性地推诿责任，把问题归咎于对方。但白纸黑字摆在眼前证明"我对对方的需求关注不够"时，人们会倾向于察觉和反思自己的不足。

（4）双方结合对方提出的期待做出承诺，或者进一步向对方提出追加诉求。

BBC沟通中双方是平等的，而不是控制与被控制关系，所以BBC的规则也不要求一方必须承诺达成对方的诉求。甚至，一方有权回绝对方所有诉求，但实践中这种情况从未发生过。经过前面若干步骤的铺垫，双方都会趋向于坦诚表达。如果一方耍心眼，故作难色，一味回绝，他很快会意识到自己的诉求对方也不会痛快答应。人往往会在信息不透明或者沟通成本很高的情境下故意选择"不合作"，比如囚徒困境。现在双方的底牌都亮清楚了，相当于让两个囚徒面对面商量，选择合作的可能性就大得多。即便对方提的某项要求过高，我方只能做到七分，那就承诺七分，或者进一步提要求，期望对方帮助我完成剩余比较困难的三分，通常对方也会欣然接受。

以上就是BBC沟通的全过程，看似简单，但效果奇佳。BBC沟通不仅适用于上下级沟通，也可用于企业和其重点供应商之间的沟通。按说企业和重点供应商之间合作时间长，交易频繁，各层级经理人员（包括高层领导）相互熟悉，彼此关系应当较好才对。但事实往往并非如此，我见过很多企业与其战略供应商之间的关系非常糟糕。

以我们辅导的那家大型家电制造企业和一家战略供应商为例。这两家公司过往有十几年的合作经历，双方业务依赖度很高，但积怨也颇多。甲方指责供应商不求上进，技术、质量、交付等都达不到甲方要求；供应商反过来埋怨甲方官僚气息太重，各部门对产品质量要求不一致，计划朝令夕改，等等。总之，双方都觉得自己已经仁至义尽，问题主要出在对方身上。矛盾激化时，双方甚至喊出了"停止合作"的狠话。就像一对结婚20年的夫妻，已经走到了离婚的边缘。

我们组织了甲乙双方中高层领导，以BBC形式开展深度沟通。在回顾过往合作历史的环节中，双方都想起了对方曾经对自己的巨大帮助。甲方回忆起："20××年，我们这个地区遭遇水灾，各家供应商的产能都受到较大影响。他们当时把别的客户的供货都停了，集中保证我们的供应，这让我们非常感动。"供应商也坦承道："我们去年出过一次重大的质量事故。甲方的张工、李工到我们厂里来，带着我们的技术人员做分析改进，搞了好几个通宵，终于把问题解决了。其实质量问题是我们自己没做好造成的，但他们这样无条件地帮助我们，既让我们感动，也让我们觉得惭愧。"合并交流时，供应商的老板说到这里双手合十，向坐在对面的张工、李工表示感谢。双方一齐笑着鼓掌。

有了这样的正面情绪做铺垫，双发再表达对彼此的批评就容易多了。批评者说得更加客气，被批评者也一边点头，一边认真记录。其实那些相互埋怨的话大家都已经听了很多遍，但此前被负面情绪笼罩时，你说我一句，我一定要怼回去两句，批评根本无法发挥建设性效果。

到表达期待并猜测对方期待的环节时，双方都感到惊讶，因为出现了很多"没猜中"的情况。比如，双方都以为对方一定会跟自己提价格问题，但事实上都没有。甲方对供应商的重点期望多集中在质量管理上，比如期望供应商"增加两名质量工程师""添置某实验设备"等，而供应商很多没猜到这些期望。在供应商对甲方的实际期望中，最重要的一条是"缩短付款账期"，而这一条也出乎甲方的意料，他们没想到资金压力对供应商造成了如此大的困扰。

接下来双方经过商议，相互达成了十几项重要承诺，并形成行动计划，这在过去是很难想象的。大家一致认为，这样的沟通形式非常棒，以后每年都要坚持开展！

综上，BBC沟通可以很大程度上提升沟通者坦诚表达的意愿，同时缓解沟通冲突，有利于双方扩大共识，并做出行动承诺。需要特别注意的是，采购经理人在这个过程中并没有使用强硬的控制手段，如经济奖惩等。可见激发和控制存在很大的差异，激发的能量存在于管理者和管理对象之间的"互动关系"中。也就是说，可影响对方行为并为对方赋能的是"关系"，而不是管理者本身。

采购经理的"情绪导泄"职责

前面说到，采购是企业内外部资源的交换枢纽，处于各类人际关系的中心，自然也很容易受到各种情绪，尤其是负面情绪的侵扰。愤怒、紧张、焦虑、厌恶、沮丧、愧疚、恐惧……我们任意找一位采购人员，询问他近期是否经历过以上一种或多种负面情绪，他都会说出很多故事。

这并不是说其他部门的员工不会经历负面情绪，比如研发人员也经常面对进度压力，产生焦虑。但相比起来，采购人员"情绪劳动"的负担更大。采购人员需要频繁地和"人"打交道，公众号"宫迅伟采购频道"曾发表的一篇文章《你听我解释！做采购必须内心强大》获得了采购人广泛共鸣。文中提到，做采购需要向上级解释"为什么是这个价格"，向使用部门解释"为什么选择这个供应商"，向审计部门解释"如何通过合同控制采购风险和采购合规"，向供应商解释"如何实现双赢"。因为要建设和维护各类"关系"，所以情绪本身就是采购的重要工作对象。

但多数企业的部门和岗位职责并没有显性化地描述"情绪劳动"和责任，所以不少采购经理人也忽略了这一点，他们会习惯性地用纯理性的方式处理问题，而对来自各方的情绪敏感度不足。一些采购经理人甚至还会经常使用质询、责骂等手段，主动"制造"了相关方的负面情绪，比如供应商交不上货、研发有变更、质量有异议时的沟通。我们在前面介绍 BBC 沟通时说过，在负面情绪没有得到合理处理之前，理性对话很难开展。

如果说"情绪导泄"是采购经理人的重要职责，那么具体的举措是什么？研究行为干预模式的专家总结了以下十条情绪导泄方法：

（1）让对方告诉我他们最近经历的一次消极体验。

（2）邀请对方讨论他们经历的困难。

（3）鼓励对方表达出他们的感知和情感。

（4）帮助对方认知他们的情感及其对工作带来的影响。

（5）询问对方成功完成一项工作后的感觉。

（6）询问对方为什么情绪低沉或气愤。

（7）描述我从对方行为中观察到的情况（负面情绪）。

（8）询问对方在目前进行工作中阻碍他们发挥自己能力的感觉和情绪。

（9）询问对方目前面对困难时的感受。

（10）帮助对方在获得经验与体验后表达他们的新视角。

我们以第 1 条举措为例展开阐述。"让对方告诉我他们最近经历的一次消极体验"，你近期有过这个举动吗？我记得自己第一次看到这条举措时愣了一下，因为我实在想不起来自己上次这样做是什么时候。如果仔细觉察一下自己的心理，我会觉得"让对方告诉我他们最近经历的一次消极体验"会让我有点害怕，因为我似乎没有能力解决对方的负面情绪背后的问题。如果这种负面情绪与我有关，我就更不知道该如何应对了。

其实情绪导泄的法门简单得让人感觉不可思议。请大家记住以下这条法则：面对激烈情绪或负面情绪时，我们千万不要试图一上来就给对方提供"解决方案"或者"讲道理"，我们甚至什么都不用做，只要"提问—倾听—接纳"即可。

举个例子，假设你五岁的孩子摔碎了心爱的玩具，在你面前大哭大闹，你该怎么办？有的家长会训斥："好了好了，不要哭了！""哭哭啼啼，像什么男子汉！"这种说法否定了孩子的情绪，孩子反而会哭得更厉害。还有人会安慰说"宝宝不哭，爸爸/妈妈再给你买个新玩具"，这样会略好一些，但孩子的负面情绪没有得到回应和接纳，感觉还是会很糟糕。如果使用"情绪导泄"去提问和倾听，家长可以说："宝宝跟爸爸/妈妈说说，刚才发生了什么呀？"（举措1）孩子在开始描述刚才怎么摔碎玩具的过程时，会启动大脑中的逻辑系统；只要逻辑系统运作，情绪就会得到一定的遏制。父母可再问："哦，那宝宝是什么感受呢？"（举措2）当孩子大哭大闹时，他是在以"第一人称视角"沉浸在那个情绪中，但被问及"感受是什么"时，孩子就会被引导着以"第三人称视角"去观察那个情绪，这样情绪也就和孩子本人产生了隔离。等孩子情绪落下去后，父母可以再提"给你买个新玩具"等理性解决方案。如果把情绪比作一团火，"提问—倾听—接纳"就是陪对方一起看着那团火的燃烧过程，观察它是什么颜色，什么形状，什么温度。放心，只要不主动往火上添柴或浇油，它一会儿就会消退。

所以，采购经理人在面对来自下属、兄弟部门或供应商的负面情绪时，可暂时压制一下自己"提建议"的冲动，参考以上对话结构先进行导泄。如果过程中一定要说点什么的话，采购经理人可以表达同理和接纳，"嗯，你这个处境的确很难受""我要是你，也会挺生气的"。特别是当对方说得过多，并且车轱辘话没完没了时，阶段性表达一下同理可以让对方知道"你的情绪我已经感受到了"。

情绪导泄不应只是采购经理人的被动职责，如果仔细看前面的十条情绪导泄举措，我们会发现每条都以一个主动性的动词起始，比如"询问""邀请"等。如果可能的话，我建议采购经理人把这些方法打印出来贴在案头，提醒自己主动关注下属、兄弟部门及供应商的情绪，先把情绪问题处理好，再开展理性工作会容易得多。

巧用员工名字与名片

前面我们重点从人际关系和沟通层面提出采购经理人提升领导力的几项建议。下面我们再结合采购管理的工作情景，介绍一种有效的激发方法：巧用员工名字与名片。

我们经常可以听到一些用创新者名字命名的创新成果，比如数学里的"牛顿-莱布尼兹公式"、天文学里的"哈雷彗星"、体操界的"托马斯全旋"等。很多企业也在运用这种方法，以普通员工名字命名其创新成果，比如去海底捞就餐，顾客落座以后会收到很多贴心的"小玩意"：长头发的女士会收到一个发圈，戴眼镜的客人会收到拭镜纸，另外还有一个防止手机被弄脏的"包丹袋"。为什么叫"包丹袋"？这是海底捞一名叫包丹的员工想出来的创意。在海尔集团的车间生产线上有一个个小小的牌子，上面写着"晓玲扳手""启明焊枪""云燕镜子"等以职工名字命名的革新项目。

企业是否可以学习运用以上方法，以采购创新者的名字来命名创新成果呢？比如，某位采购员对供应商评审表格做出了重要的优化设计，这份表格就可以在公司内部被命名为"×××（设计者姓名）表格"。

这种方法对采购人员而言有很强的现实意义。中国采购商学院已连续四年举办了"中国好采购"案例大赛活动，每年都能收到数十个精彩的采购创新案例，可见采购人员并不缺乏创新能力。但采购职责内的创新往往是与日常工作紧密结合的点滴改进，可能称不上重大科技进步，也很难获得专利，但若得不到及时正向反馈，员工的创新热情容易失去滋养。这就需要采购经理人保持足够的敏锐度，及时发现、确认员工的创新成果，并创造条件进行传播。每个人都渴望获得成就，都希望自己的工作成果能体现自己的独特价值。对员工而言，创新成果就像是亲生的孩子，如能用自己的名字命名它，员工和这项创新就有了更紧密的联结。当创新得到广泛传播和肯定时，员工心中产生的巨大成就感和荣誉感绝不是简单的物质激励可以替代和比拟的。

"以员工名字命名创新"作为激励举措还有一个变体：把采购员工的突出成就印在其名片上。采购人员常与外部单位打交道，但我发现很多企业的采购人员，尤其是不担任管理职务的采购人员，名片上的抬头往往只有一个"采购员"或"采购工程师"而已。想象一下采购和对方销售人员交换名片时的情景吧，对方名片上的抬头往往都写得很高大上，动辄就是"销售总监"，最次也是"销售经理"。两相比较，采购人员在心理上就吃亏不少，这对后期的谈判是不利的。有的企业说，那我们也把采购人员名片上的职务名称印得高大上一些吧，把工程师称作高级工程师，把采购员称作采购经理。这么做短期内可能会有点小效果，但从长远看来激励作用有限。一种更优的方法是，把采购员工的突出成就印在其名片上。试想当我们接过一位采购人员的名片，如果上面印着"公司 2018 年度十佳优秀员工"或是"采购降本能手"，又或者是"优秀内训讲师"，这些都会比"高级工程师"更容易给他人留下深刻印象。此种激励措施一是有区分度，不是天女散花人人有份；二是有时效性，因为谁也不好意思总展示七八年前的荣誉。

控制与激发，两种风格管理者的未来

以上我们阐述了为什么"未来的高绩效采购经理人必须是激发高手"，并介绍了一些实用方法。可能会有些采购经理人一时还不习惯这种思维转变，他们会想，"采购部门里总还是会有一些标准化工作和操作性员工的，我以后去管理那一块就好了"。

的确，激发并不会彻底替代控制，控制系统未来仍将是企业管理的重要支柱。特别是针对标准化工作和操作性员工，企业的控制手段和控制能力都将进一步加强。但是持有以上那种想法的采购经理人恐怕终究还是要失望的，因为控制主体会逐渐从"（经理）人"转为"（信息）系统"。信息技术和被固化在信息系统中的管理机制会逐渐取代权威与行政命令。

我们来看京东公司CEO刘强东如何描述他们的员工管理："京东所有的人都在为信息系统工作，信息系统是整个公司的核心纽带，也是公司管理员工、财务、物品的有力武器。通过信息系统，我可以很轻松、及时地了解我们全国各地每一个配送员的情况，当然我们每一个配送站的站长也都可以。如果配送员偏离航向太远，我们的信息系统会自动报警。因为我们每一个配送员所要走的配送路线都是信息系统事先优化好的。站长在分派包裹的时候，也会安排同一条线上的同一次配送。如果配送员偏离这条路线太远，那么我们的站长第一时间就能知道。又比如，我们的打包员，他们每打完一个包都要扫描一下，告诉系统这个包是我打的。这样一来，系统就会收集到每一个工作数据。通过这样一个动作，我们就能知道这个打包员一个月消耗了多少米胶带、多少个纸箱。以箱子为例，京东箱子分为1～6号不同的规格。我们的系统可以计算出用户的订单该用什么规格的纸箱打包。假如本来用3号纸箱能装得下，打包人员却用了4号纸箱，就是对公司资源的浪费。因为用大一点规格的纸箱打包，对打包人员是有好处的。因为大，他可以打包得更快，拿到更多钱。但是对于公司来说就是浪费，因为这样的话就需要更多的填充物去填充，需要把那个缝隙填满。而如果箱子小，他就需要认真摆放、调整，这样才能把所有货物都正好放进去。不仅配送员和打包员，京东每个员工、每个动作，都在信息系统中。再比如司机，哪辆车他多加了油，多加了多少，我们也都是能知道的。"

再举一个打车市场的例子。过去的出租车公司雇了很多自营的司机，给他们做很多培训，但老百姓还是对服务不太满意。而近年涌现的互联网打车平台，没有自己的车，却能够动员很多司机开着自己的车来提供服务。甚至专车司机会帮你拿行李，给你提供瓶装水，问你要不要给手机充电，一路上小心翼翼，生怕会得罪你。你如果问这些专车司机："你的领导是谁啊？"他大概会一头雾水。控制他们行为的不再是"具象的领导"，而是信息系统、管理机制和市场客户。只会一味控制的管理者，未来的路怕是会越走越窄。

当数字技术和人工智能越来越多地替代体力劳动和脑力劳动，还能给职场人留下什么？情绪劳动！所以，采购经理大可不必抱怨自己情绪劳动负担太重，因为在未来，这很可能会成为一个职业优势。我们呼吁包括采购经理人在内的管理者，要尽快觉察并拥抱以上变化趋势，主动构建新环境下的领导能力。

如果你对"控制与激发"感兴趣，可关注本章执笔人之一汪亮的个人微信公众号（id：控制与激发），该公众号中有他收集、总结的数十个激发工具，并且在不断更新。中国采购商学院未来也将持续关注"采购经理人领导力"这一主题，助力采购经理人的成长与跃迁。

汪亮：控制与激发

宫迅伟采购频道

本章执笔人：宫迅伟，中国采购商学院首席专家；
　　　　　　汪亮，"控制与激发"管理理论开创者。

第2章

从"辅助支持"到"战略职能"
——采购功能新定位

---- 导 语 ----

采购再不被提到战略高度就不行了。采购的专业化需要部门的专业化，需要有人专门研究供应市场、品类趋势。

数字化时代，专业化的小企业也可以做成大事情。企业的发展取决于采购连接外部资源、整合外部资源的能力。一切业务数据化，一切数据业务化，数据成为资产。采购连接端到端价值链，处在与供应网络信息交互的枢纽位置；采购部门必须站在公司战略高度，主动作为，学会数据洞察、数据挖掘，利用数据创造价值。

采购部门要变"被动"为"主动"，不能只做"齿轮"，还要做"发动机"。麦肯锡调研结果显示，领先公司CPO已经进入了董事会。

为什么要从"辅助支持"转变为"战略职能"

数字化时代，互联互通水平大幅提高，企业对供应商的依赖更强，连接供应商的企业采购"再不被提到战略高度就不行了"。无论是大环境引发的供应链之争，还是企业系统赋予采购的使命，都要求采购职能具备战略高度。

大环境变化凸显供应链重要性

1. 贸易战本质在供应链

现今，国家间的竞争主要体现为经济竞争，而国家间的经济竞争已经转变为产业竞争、供应链的竞争。采购连接采购端的供应链，要看清这个大趋势。产业链范围比较大，往往是对企业所在产业整个上下游关系的描述，例如汽车的产业链就包括零部件厂商—整车厂商—销售商—服务商等企业。供应链的定义为"供应链是围绕核心企业，通过对信息流、物流、资金流的控制，从采购原材料开始，制成中间产品以及最终产品，最后由销售网络把产品送到消费者手中，将供应商、制造商、分销商、零售商，直到最终用户连成一个整体的功能网链结构"。一般供应链管理包括计划、采购、制造、配送、退货五大基本内容。有的企业供应链只是对企业上游供应商的关系进行描述，比如整车厂商的上游包括发动机厂商，而发动机厂商的上游又包括诸如气门供应商、火花塞供应商等。

产业竞争的实质是该企业在该产业链中的位置、市场占有率（或利润率）。在全球竞争的环境下，一家企业能否成为全球领袖，要看该企业所在供应链能否在全球竞争中处于优势地位。因此，产业竞争从本质上讲是指该企业是否拥有在该产业全球竞争中胜出的供应链,也即供应链竞争。以手机产业为例来说,全球在手机产业竞争中胜出的无疑是美国、韩国、中国这三个国家。从品牌公司来看,美国的苹果、谷歌,韩国的三星,中国的华为、OPPO、vivo、小米,这几家公司能够在全球胜出,无疑是它们能够组织起强大的供应链。

2010年小米公司创立,2014年实现销量全国第一,但2016年小米销量大滑坡,排名跌出前五位。此后,小米创始人兼CEO雷军亲自抓小米的供应链,到2017年第二季度,小米占据销量排名第五位,从此在手机业中站稳了脚跟。乔布斯逝世后,苹果公司的产品技术进步速度放缓,但由供应链管理出身的库克当家,股价继续猛涨。

中美贸易摩擦的本质也是供应链竞争。那些不在中美两国政府加税名单中的产品,都是深入两国产业之中,联系非常紧密的产品,如手机;反之,则容易被列入政府加税的名单中,如中国的铝、钢,美国的农产品。

2. 互联网促进了专业化

互联网的本质是信息的连接、流通与分享,它使得沟通成本大幅下降。互联网的发展使得交易成本不断降低。按照诺贝尔奖获得者科斯的交易成本理论,企业的边界随社会交易成本的提高而扩张,或者说随交易成本的下降而缩减。因此,互联网的发展导致企业的规模不断缩减。企业的规模会缩小,但专业化程度会越来越高。采购要整合外部资源,充分利用外部供应商创新。

可以这样说,互联网促进了合作与分工。企业的专业化程度越来越高,越来越有价值,可以说**互联网促进了创新**。这成就了许多的中小企业,但其专业化程度非常高,能量非常大,可以说小企业也可以做成大事情。

在专业化的同时,数字化使得交易的基础性工作越来越具有统一规范,再加上需求个性化越来越盛行,这二者成就了平台。例如,淘宝上最早被规范的专业化是各卖家在淘宝平台上信息展示的规范化，后来是支付（通过支付宝）规范化，随后又是物流的规范化、金融的规范化。

平台促进了创新。 这有两个方面的含义：①平台这种形态可以完成一些原本不可能的事；②平台提供基础服务（大数据、云计算、人工智能），以帮助、促进平台上的中小企业专注于创新。如阿里巴巴的曾鸣提出的 S2b，S 是指大的供应链平台，b 是指接受平台服务的中小企业，供应链平台为中小企业提供了所需的供应链服务，让中小企业得以专注于创新。

3. 专业化自组织供应链

企业走向专业化，规模持续缩小，势必需要与其他企业合作为顾客提供产品或服务。平台上聚集的企业类型越来越多，企业就可以在平台上找到需要的合作伙伴。市场需求是动态变化的，企业需要持续寻找不同的合作伙伴以应对这种变化及日益增长的不确定性，动态联盟、虚拟企业形式会成为企业的首要选择。

上述特征引发了如下变革：一是 C2B 促进了零售业与制造业的跨界融合。零售商掌握着全渠道的消费者数据，能够进行精准的全渠道消费者洞察，进而指导生产；通过代工工厂的方式，向产业链上游延伸，整合制造业。二是以海尔集团为代表的制造业服务化，是指从制造环节向前端的设计和后端的服务延伸，制造业和服务业的界限变得越来越模糊。三是企业运作模式移动化。企业能更加灵活地适应市场变化：移动设备能够帮助企业组织管理系统中数以亿计的设备和传感器，并与之建立通信，以更加灵活地适应市场变化。

因此，对企业来说，这意味着在合适的时间、合适的地点，寻找到合适的合作伙伴，并以一种合适的方式进行合作。无论是制造企业，还是服务企业，都是如此。这就是数据时代采购的含义。也就是说，数据时代企业的应对措施就是提升自己的采购连接能力，能够随时、随地、随机（机会）、随缘（合作方式）地寻找到合适的合作伙伴。这通常会要求企业在较短时间内以较低成本整合各种资源，具有更强的开放性与灵活度。

在业务流程上，企业寻找到合作伙伴之后，需要快速地将自己的业务流程与合作伙伴的业务流程进行无缝对接，实现如同同一家企业两个部门之间那样高效对接。这样的对接，是物流、信息流、资金流、人员流、商务流上的全方位连接。

因此，未来企业需要与其合作伙伴自动地组织起来，寻找新需求。一旦找到新需求，企业要自动组织供应网络中合适的伙伴，建立供应链，进行生产、销售。

供应链系统赋予采购新功能

1. 企业系统赋予采购"获取资源"的使命

企业实际上是一个运作系统，从外部获得输入，经过内部转化后再向外部输出（见图2-1）。

图 2-1　系统运作简图

企业从外部获取的资源包括人员、资金、物料、信息、技术、服务，**为企业提供输入的就是企业的供应商**；向外部的输出包括产品或服务，接受企业输出的就是企业的客户（见图2-2）。

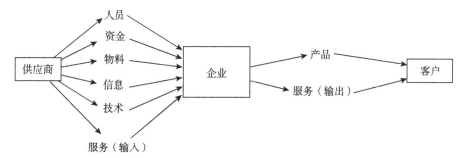

图 2-2　企业系统运作简图

在**输出端**，与客户打交道的是销售。

内部转化的类型比较复杂，简单的只有生产或者加工、制作；稍微复杂的会有研发，如产品设计、工艺改善，甚至技术创新；比较规范的还会有计划，曾经有一位叫"计划老兵"的老师讲过，所谓计划，就是"计算+规划"，所以这里的计划包括两个维度：一是整体与局部，一是长远与短期。

在**输入端**，与供应商打交道的是谁呢？当然非采购莫属（见图2-3）。**业内普遍认为，采购是"为满足日常运营和战略实施需要，从外部获取资源的企业行为"**。

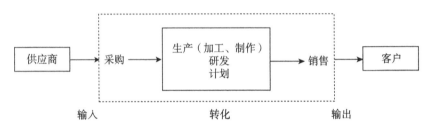

图 2-3 企业内外连接的重要环节

为获取资源满足运营和战略所需，传统上要求采购应当"以一定成本按时、保质、保量地向内部用户提供所需的产品或服务"。

"按时、保量"，即什么时间送，送多少，听命于计划的安排；"所需的产品或服务"，即采购什么，什么规格（须具体到SKU），由研发或使用部门来决定；在"一定成本"的基础上，因为"研发决定了成本的70%～80%"，采购可以发挥的空间非常有限。

2. 供应链协同要采购更专业

供应链是由从供应商到客户的一系列供需环节组成的链条。从图2-3中可以看出，整个链条可被分为：

（1）销售部门连接的从成品到客户的供应链；

（2）内部进行的从原料到成品的供应链；

（3）采购部门连接的从供应商到内部使用部门的供应链。

供应链管理尽管追求的是整体上的协作优化，但从执行角度看很难有一个职能可以真正关注链条上的每一个细节，因此需要"在局部分工的基础上实现整体协作"。采购就应当专业负责"采购侧供应链"，即从供应商到内部使用部门的一系列供需环节组成的链条，甚至要延伸到供应商的上游多级供应商。

俗话讲"买的不如卖的精"，客户不如研发者和生产者更懂产品，研发者和生产者不如供应商更懂原材料。这是因为研发者和生产者把更多精力投入产品的实现过程上，而无法顾及原材料的形成（或实现）过程。为了向客户提供更有竞争力的产品，企业非常有必要弄懂原材料的来龙去脉。采购作为使用部门的供应方，应该比"使用部门"更专业。无论是战略需要支撑，研发需要支撑，计划需要支撑，还是使用部门需要支撑，采购职能都应当从被动支撑转向主动作为，努力提供强有力的专业技术支撑，突破原来"买东西"这种简单的、保证供应的定位，真正达成"获取外部资源"的目的（见图2-4）。

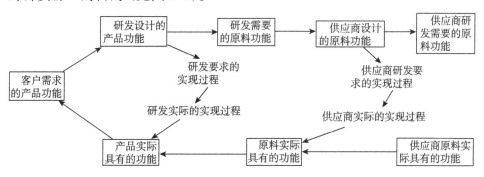

图2-4　从客户需求功能向原料实际具有的功能的倒推示意

采购未来的战略职能定位是什么

未来环境的专业化分工要求采购更具战略性，企业运作系统的资源输入角色要求采购能"独当一面"。鉴于现状,采购从"辅助支持"到"战略职能"的转换注定要走一条漫长的道路,先后大概需要经历四个阶段。

第一阶段,被动执行,要什么买什么,接受研发、计划、生产等使用部门的指令去寻源、谈判、追料,这是不少企业的采购现状。

第二阶段,被迫主动,在成本考核压力下,在使用部门的驱使下,被迫制定采购策略,被迫进行供应商管理,眼睛只盯着当下事务,基本不考虑未来发展,这是绝大部分企业的采购现状。

第三阶段,主动支撑,在考虑内外环境的基础上,主动谋划长远、制定采购战略以支撑供应链战略乃至公司整体战略的实施。目前很少有企业制定采购战略,但鉴于采购对于企业竞争优势的重要性,大部分企业都应当主动制定采购战略。

典型的采购战略,通常包括以下内容。

- 外部环境分析:分析未来国内外政策法规、技术、社会、环境等对供应市场的影响,并提出对策;
- 标杆企业分析与创新启示;
- 内部环境分析:理解公司总体战略、组织与商业模式发展对采购职能的前瞻性要求,理解公司产品在技术、质量、成本、服务等方面对采购的前瞻性要求,并提出对策;
- 供应商与物料分析:结合不同类别的供应商与物料品类特征,提出差异化采购策略;
- 采购专业能力建设路径图及重点课题规划;
- 采购组织发展规划与采购人才规划;
- 采购关键技术指标分析与目标规划;
- 采购职能未来发展愿景、使命与核心能力阐述。

第四阶段,定义战略,即依靠采购供应链驱动企业的战略发展。很多知名企业根据驱动因素来确认自身的战略定位,如"沃尔玛在业务方面之所以能够迅速增长,并且成为知名公司,是因为沃尔玛在节省成本以及在物流配送系统与供应链管理方面取得了巨大的成就"。刘强东也多次表示:"**我们(京东)不是一家电商公司,我们是一家用技术来打造供应链服务的公司,是用技术为我们的品牌商提供供应链服务的!**"当然,不是所有的企业都要达到这一状态,需要依据对外部资源的依赖程度来决定。

从第一阶段升级到第四阶段,"主动"是其核心关键词。采购需要从被动执行转向主动作为,需要站在公司战略高度考虑长远问题,采购各阶层人员脑子里装的不是"执行",而是想方设法"调动一切资源"去支持公司发展大目标的实现。

采购是连接企业与供应商的重要环节,因为历史原因,在从供应商到内部用户的供应链上,采购只承担了"资源获取"的角色,但是其他依附于这一链条的专业技术尚没有专门的部门来承担,这正好给采购预留了"主动作为"的空间。我们可以用"三分链条有其一,我的地盘我专业"来形象描述采购未来的战略职能。"三分链条"是指整个企业供应链可被分为销售部门连接的从成品到客户的供应链、内部进行的从原料到成品的供应链、采购部门连接的从供应商到内部使用部门的供应链(见图2-3)。"三分链条有其一"是指采购部门负责从供应商到内部使用部门的供应链,我们可以称之为采购侧供应链。

这里需要特别强调的是,在互联互通、相互协同的时代,"三分链条有其一"不是号召另立山头,而是强调除了"资源获取"外,采购还应负责链条上更多的事务;"**我的地盘我专业**"或者"**我的地盘我做主**""**我的地盘我权威**"是强调采购应敢于担当,在整体协作、服从大局的前提下,在自己负责的领域内发挥更大的专业主动性。

不过,"**有为才能有位**",采购目前的状况还不足以支撑"战略职能"的发挥,要想从"辅助支持"转向"战略职能",它需要在以下五个方面"有所作为"。

资源链接：从被动获取到主动整合

凯文·凯利（Kevin Kelly）在关于趋势的预测中强调"未来连接会变得特别重要，企业的核心竞争力将取决于连接资源的能力""所有权、拥有权已经不像原来那么重要，是否能优先获取、优先使用将会变得非常重要"。未来采购必须具有战略性，必须从被动转向主动，通过资源整合支持公司战略。

1. 资源整合是"采购"必须存在的理由

采购从外部获取企业所需资源的行为本身就是资源整合。企业表面上是购买供应商的产出，实际上是通过采购整合供应商的产能或转化资源。资源是由供应商提供的，供应商的状态决定了资源能否按时保质保量地满足企业所需。只要企业从外部获取资源，它就会与供应商打交道（见图2-5）。从这个层面上，我们可以认为，企业的任何职能都可以外包，但承担整合资源职能的采购不会外包，甚至可以据此认为采购是企业的核心职能。

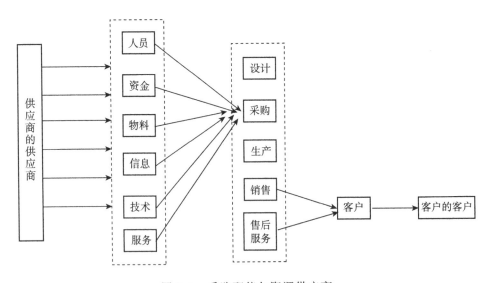

图 2-5 采购职能与资源供应商

随着专业分工趋势加剧,**企业将有越来越多的供应商出现,企业对供应商资源的整合也将是常态。**"资源整合"是供应链思维之一,思维是需要落地的,"资源整合"应该由哪些部门落实呢?一直与供应商打交道的采购部门当仁不让。

2. 资源整合能力是核心能力的重要组成

在核心竞争能力理论的支撑下,秉承"专业的人做专业的事",企业趋向于只保留核心业务,而外包非核心业务,于是就产生了很多服务类的供应商,如原(辅)材料供应商、物流服务供应商、生产服务供应商、设备维修服务供应商、售后支持服务供应商、物业服务供应商等(见图2-6)。与这类供应商打交道也逐渐成为采购职能的业务内容。

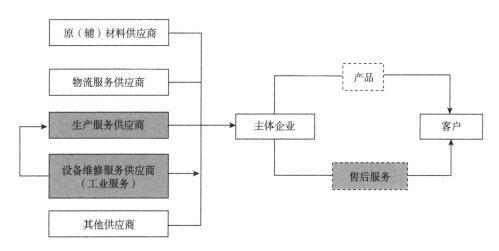

图2-6 主体企业与愈发增多的供应商

然而,**非核心业务,外包容易,但整合困难。**很多企业一门心思想通过"专注于核心业务"来提升自己的核心竞争力,结果却难以达到预期,总是发现承接"非核心业务"的供应商在"QCDS"⊖的细节上很难满足"核心业务"的需求。殊不知,那些通过专注于"核心业务"发展起来的

⊖ QCDS最初由丰田公司提出,以作为衡量其供应商供应水平的指标之一,为quality、cost、delivery、service四个英文单词的缩写,意为:品质、成本、交期、服务。

能力充其量只是"独特能力"，还需要通过恰当"整合"各种供应商的资源才能形成具有市场竞争力的核心能力，即

$$独特能力 + 整合能力 = 核心能力$$

因此，**企业的大多数职能都可以外包，唯独采购的资源整合职能不能外包**，除非企业不需要从外部获取资源。

3. "新常态"需要更强的资源整合能力

"个性化、交付快、波动大"是企业面临客户需求的新常态。为了满足客户需求，企业试图构建柔性供应链，提升供应链的定制性、敏捷性、灵活性。客户对企业形成的压力需要通过采购传导给供应商，如何从供应商开始的消极抵触转变为以后的主动配合，既有的资源整合能力亟待加强。

多变的客户需求改变了企业与供应商的关系，以往"少品种大批量"形成的关系比较长久、固定，现如今的"多品种小批量"形成的关系比较短暂、临时。采购不仅需要对现有供应商能力进行评价，而且还需要对潜在供应商能力进行关注，对可能影响企业供应端的新事物保持敏感。在新的态势下，企业对供应商的开发、管理、评价模式，也需要采购职能进行相应调整。

角色转换，从成本支出到价值创造

我们通常认为"需要的不专业，但供给的不应该不专业"，采购部门如果掌握使用部门的需求功能，作为与供应商打交道的部门应该就能有很多种可供选择的方案，开展"价值创造"的范围会扩大且成效会更佳。这样，在追求"高质量"发展的背景下，采购部门就具备了成为"战略职能"部门的条件。

当然，采购部门要想成为真正的"战略职能"部门，就需要从"成本

支出"转向"价值创造"。

过去的采购，主要是通过货比三家来形成支出成本；现在的采购，正努力通过成本分析来形成砍价的依据；未来的采购，需要通过价值创造，即影响需求功能的载体来决定成本支出。

过去和现在采购是通过商务谈判来形成支出成本的。谈判的过程是博弈的过程，博弈是伤感情的，是对既有利润蛋糕的切分，等于是让供应商把口袋里的钱往外掏，尤其是一次次的年度降价，让供应商窝了一肚子火。若不是实在没办法的话，供应商早已甩手不干了，不过这也种下了"报复"的种子。

未来采购要通过合作互动，在确保需求功能的前提下形成成本支出。具体合作事宜既可以发生在对接流程层面，也可以发生在产品技术层面。互动可以增加感情，做大利润蛋糕，尤其是使双方能够合理分担合作收益，以便通过共赢进一步拓展合作的空间。

1. 主动作为，石棉板事件

> 某企业的生产部门总是要求采购部门大量购买石棉板，而当时石棉板奇缺，价格高昂。有个叫迈尔斯（Miles）的采购工程师，看在眼里，急在心上，想着能否找一种便宜的材料来进行替代。于是他就主动找到使用部门了解情况，发现石棉板被用于喷涂车间，主要起两个作用：一是防止弄脏地面，二是防止发生火情。随后，他就开始在市场上搜罗替代材料，功夫不负有心人，终于找到了一种叫作"防火纸"的材料，不仅满足工艺要求，而且价格便宜、货源充足。

这就是美国历史上著名的"石棉板事件"，用便宜的"防火纸"承担了昂贵的"石棉板"具有的功能，节约了成本。迈尔斯所在的通用电气（GE）把这一活动总结归纳后，开始在集团内部推广。1961年，迈尔斯总结出版了《价值分析和价值工程技术》的专著，俗称 VA/VE。随后几十年，这种方法及其思想被应用到了全世界，现在国内又开始重视了。

这一事件发生在采购部门，按照传统做法，采购员可以有很多合理的应对措施：GE 是财大气粗的大集团，可以找供应商砍价，但若供方市场货源稀缺，价格实在砍不下来，企业只好作罢。

这位出身电气工程师的迈尔斯却因为想控制成本，主动去关注生产部门购买石棉板到底做什么用途，主动去搜寻市场上有无廉价且可大量供应的替代物。

如果只是按照使用部门的要求来采购物料，采购部门就只是名副其实的"辅助支持"部门。 在这个案例中，采购人员不仅关注到了使用部门对于物料的功能需求，而且找到了功能相近、价格低廉的替代物来为企业成本控制做贡献。如果采购部门能把这种个人行为常态化进行，就会由原来的"辅助支持"转向"价值创造"。

2. 供需协作，泡沫板控本

小件成品出厂的时候往往采用集装单元，即一层层码放在托盘上，包裹上塑料薄膜交给物流部门来储存、运输。对于普通成品，厂家将其直接放在托盘上，而后依次直接层层排放。但对于比较精贵的产品，就需要借助垫板和隔板的帮助了，即垫板直接放在托盘上，上面放一层成品，接着在第一层物品上放隔板，再放成品，依此类推，层层往上，形成一个集装单元。

为了保护精贵的成品，垫板和隔板通常是用泡沫材料做的，以增加缓冲。本案例就发生在这个泡沫板上。

这里的精贵成品是指化纤厂的丝饼，人们穿的衣服是用布做的，而布大多是由化学纤维纺织而成的。化纤厂生产化学纤维，化学纤维俗称长丝，绕在纸管上，卷成饼状，通常在 7.5 千克左右，因为丝饼反射光纤，远看晶莹剔透，类似于战国时期的和氏壁。不过，卷绕的纸管突出两端，便于后道纺织机作业。长丝很细，很多是微米级单位，比较娇贵，很怕磕、碰、挂，所以化纤厂对丝饼的包装、储存、运输很小心，需要套上塑料袋，放在摆上垫板的托盘上，层与层之间必须要加泡沫隔板。

因为纸管两端是露头，有突出的部分，所以不可能直接放在隔板上，需要在隔板上开孔，以稳固丝饼。每一层摆9个丝饼，隔板上需要开9个孔，通常码放8层，泡沫板由化纤厂下单，由外部供应商制作、供应，隔月结算。

日子一天天过，相安无事。直到有一天，泡沫板制作的原材料涨价了，涨的还不是一点点，泡沫板供应商承受不了，以至于泡沫板的销售人员向化纤厂的包材采购员提出了涨价要求。

可想而知，化纤厂采购部门接到涨价意向是什么感受呢？压力很大！不涨价吧，泡沫隔板的供应商眼看就不愿意供货了，涨价吧，自己的年度成本任务完不成。非常着急，该部门到处找人寻找破解方法。

一天，采购员约了包装技术人员一起去车间。他们围着托盘上的隔板、丝饼寻找方法，既然问题出在泡沫隔板上，刚学过VE/VA的采购员提议说，不妨分析一下隔板的功能。

隔板的功能大概有两个：固定丝饼和层间间隔！再看，均匀摆放在方形泡沫板上的9个圆形丝饼，一排3个，总共3排，大家能想象得到这种情形吧？在9个丝饼的中间，存在4个空隙，也就是说，对应于隔板的部分是不受力的，大家在努力苦想中……

忽然，采购员说"要不把隔板上4个不受力的部分挖掉"，就可以省一部分材料，从而控制泡沫成本，如果可行的话，说不定就不用涨价了。

大家为这个想法而兴奋，把"功能强度的组合调整策略"活

> 学活用，学以致用。随后，包装技术员经由采购员联系隔板供应商技术员共同进行具体化、定量化设计，新加的孔到底应该多大直径，既能保证泡沫板强度，还能使得节约材料成本大于新增工艺费用。最后，证明采购员的想法是可行的，化纤厂所有的泡沫板在9个孔的基础上增加了4个大孔。

案例启示：在降本手段几乎用尽的情况下，VE/VA 带了一种新的思路：通过供需双方的合作，可以在成本控制上有所作为。主要做法就是，通过使用功能强度的增减组合策略，在保证隔板功能不受影响的前提下，减少泡沫用量，从而在原材料价格上涨的背景下控制住隔板的成本，也避免了卖给化纤厂的价格上涨。这是个典型的供需协作成功案例，也是 VE/VA 应用案例。

这种思路可以促进"采购单方一味压价"转向"供需双方协作创新"，从现在比较流行的"单一的成本结构分析"转向"联动的功能成本分析"。

品类采购：从粗放管理到精细管理

"技术采购会越来越吃香"，对应于此，采购部门也应该重视相关技术的了解、掌握（类似于证券机构分行业深度挖掘），要不然如何能"三分链条有其一，我的地盘我专业"呢？这里的品类采购不是单指按照品类制定采购策略，而是指在依据品类了解行业技术的基础上，发挥"采购侧供应链"的专业性，以更好地为企业创造价值。要达到这一状态，采购部门需要经历如下几个阶段。

第一阶段，被动购买，没有分类，没有采购策略而言。

第二阶段，在公司的要求下，按照 ABC 分类法或卡拉杰克模型对采购品项分类制定采购策略。

第三阶段，主动规划供应商管理，积极培养关键供应商，重视与战略供应商的互动协作。

第四阶段，重点关注对企业影响重大的采购品项，跟踪供应市场，掌握行业技术，积极开展与企业研发部门的互动。

从第一阶段到第四阶段，依次呈现了突出重点、从粗放到精细的变化。

通常来讲，相比于成品，原料要复杂得多，如图 2-7 所示的汽车拆解。

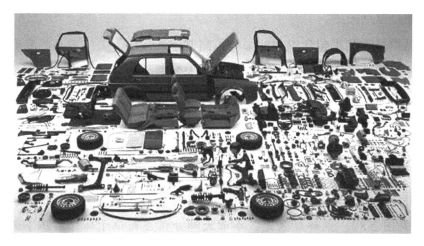

图 2-7　大众高尔夫拆解零件图

资料来源：网络文章，作者不详。

尽管一些行业，如化工，原料种类少于成品，但考虑到企业的设备等其他间接采购品项以及服务类采购，采购要比销售处理更多、更复杂的事项。然而，由于"卖东西"较"买东西"困难，采购部门的规模相比于销售部门小得可怜。因此，面对众多的供应商群体，采购部门疲于应付，只能粗放管理。

"上游不断涨，下游不得涨"让企业从"抓销售"转向"销售与采购并抓"，采购部门要想在"采购侧供应链"上主动作为（无论是资源整合还是价值创造），就需要以品类为切入点，让采购从粗放管理升级到精细管理。

供应链是由从供应商到客户形成的一系列供需环节组成的链条。注意，这里的链条是链条组而非单一链条。在采购侧供应链中，每个供应商都与内部使用方构成了一条供应链，每一条供应链的行业状况不一，涉及的专业知识不一样。如汽车的轮胎与企业的发动机就分属于两个不同的行业，需要的专业知识截然不同。

采购的精细管理应该以这一条条供应链为关注对象（也可以划分成品类），关注采购品项的行业状况、企业内部的需求状况、采购品项的总拥有成本和生命周期成本、供应商的稳定以及供应链风险，当然也不应面面俱到，而是重点关注。

品类采购除了包含以往的采购策略制定外，还需关注更多的专业技术知识，依托对具体采购品项的行业及技术发展的精通来影响内部用户和供应商。

如卧龙电气的采购工程师选取铁铸件品类为研究对象，关注铁铸件生产工艺，制定了"**企业投模具、供应商投设备**"的合作方式，运用"**供应商金字塔模型和交通灯管理**"来优化供应链（见图 2-8）。最终结果是，尽管大部分供应商位于环保高压下的山西、河北，但近两年的铁铸件供应量不降反增。另外，由于铁铸件的工艺改进，企业内部的后道加工也节省了很多。

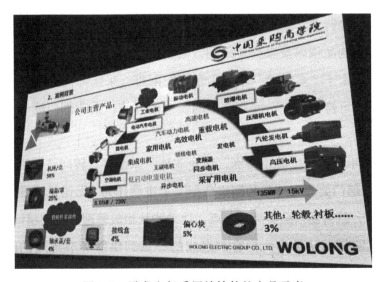

图 2-8　卧龙电气采用铁铸件的产品示意

职能定位：从辅助支持到核心影响

在"石棉板案例"中，迈尔斯为什么能够成功呢？

主要有两个因素：一是工程师迈尔斯的主动作为，二是企业对迈尔斯行为的支持。两者相互促进形成良性循环，工程师的主动作为可能给企业创造较大的价值，企业的支持让可能成为现实；企业越支持，工程师就越主动，就越有可能创造更多价值。

工程师、其他员工，一旦有了主观能动性，就会主动学习或掌握创造价值需要的理念、方法或技能。倘若所在的企业或部门能创造环境、提供条件，让大家的学习更轻松、效率更高些，良性循环所产生的效应将会更加显现，如图2-9所示。

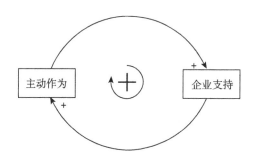

图2-9　员工的主动作为与企业支持的正反馈

随着宏观经济进入新常态，大部分企业也面临着**"需求个性化、交付快速度、要素常涨价、竞争很激烈"**的新常态。新常态不仅加剧了企业面临的"上游不断涨，下游不得涨"的窘境，而且还因为需求端的要求增加了成本压力，颇有点"雪上加霜"的味道。企业要想在这样的新常态下生存和发展，类似于迈尔斯的主动作为将显得弥足珍贵，为了让这种行为能够常态化，企业的组织架构也应该做出较大调整。

不过现实中采购的内部地位和话语权却差强人意。前段时间，一位大型名企的采购总监在朋友圈晒出了这么一段文字：

经过近大半年的努力，通过和技术部门的协商沟通、和客户的沟通反馈，我们终于把铝板的型号规格数从之前的将近40个减少到了现在的五六个，产品的标准化对于成本控制非常有效，但是知易行难，最关键的是采购部门必须要有强大的执行力和沟通能力去说服相关的技术部门进行改革，推动销售部门去说服客户接受我们推荐的产品规格而不是客户自行指定的型号。

减少原材料型号，可以增加采购批量，从而有助于控制成本，**理论上非常简单，实际中却会耗费大半年**，真的是"知易行难"。"采购部门必须要有强大的执行力和沟通能力"反映了采购标准化之路的艰难。看上去简单的"标准化"都这么艰难，更不用说更复杂的事情了。

回到前面提到的"石棉板案例"，为什么生产现场要用昂贵的石棉板呢？因为那是美国消防法的规定。 在我们国家修改法律法规容易吗？大家都知道难度很大，实际上在美国也不容易，但迈尔斯用防火纸替代石棉板的做法成功了。原因是迈尔斯所在的采购部门及GE集团给予了大量支持，愿意为能给企业带来好处的事情奔走呼号。

我们国家的企业在采购中也会碰到很多不太合理的"古董规定"或"来头不小"的硬性规定。联想到前面采购总监感叹的"标准化"之路艰难，想改动这些规定的难度可想而知，更不用说像迈尔斯一样去挑战法律的规定了。然而，只要"创新"，就不可避免地要触碰那些根深蒂固的东西，要想让采购更主动作为，更专业地在采购侧供应链上发挥作用，就应该从组织架构上做一些安排，让迈尔斯那样的行为尽可能常态化。

首先，采购部门要有鼓励创新的机制。如有的企业设有专职的创新教练，有的设有专门的"创新团队"，或者通过KPI设定一定的创新任务。不过，最好是有一批固定的人员长期持久地从事创新事宜，活学活用，把创新方法（如VE/VA）灵活且有成效地应用于采购实践中，最好是深耕在品类知识之上。飞利浦中央采购部门就设有类似部门，具体可以参照企业内部报道——《听说他和他的团队为飞利浦节约了30亿欧元？！》（https://mp.weixin.qq.com/s/9kcbRR9Lcb_F1fHoe7tY1Q）。

特别需要说明的是，一些企业运用VE/VA主要进行成本分析，而后作为与供应商砍价的依据，使得供应商非常抵制VE/VA，这实际上是对以"功能分析"为主的VE/VA思想的误解，不利于供需双方开展更深层次的合作控本。

其次，采购内部的组织架构要进行调整。 除了上面提到的创新机制外，企业还需考虑侧重于供应商资源整合的战略采购，主要负责服务类供应商的整合；侧重于产品开发、改进的项目采购，主要以攻关形式运作；侧重于行业技术深耕的品类采购，功夫要练在平时。创新主动性较强的成员平时深耕于品类，逐步沉淀一些创新成果，时机成熟时可以主动启动项目攻关，也可以从采购立场参与其他项目突破，如新产品研发和老产品改进。

另外，之前的寻源采购、执行采购以及采购计划等也应根据"专业人做专业事"的要求进行调整。战略采购与寻源采购看似有重复，实则有差异，前者主要是服务类供应商的开发、管理、评价，后者主要是实物类供应商的开发、管理、评价。如承接生产服务外包的供应商由战略采购负责，提供原材料的供应商由寻源采购负责，而经常提及的与战略供应商的合作可由来自品类采购的人员以项目采购的身份开展（见图2-10）。

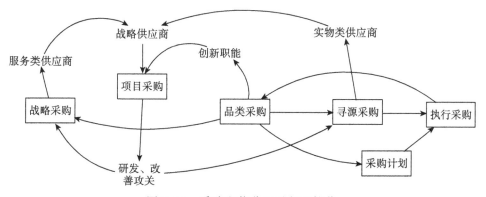

图2-10 采购职能分工及相互协作

再次，在业务决策流程中，采购要有表决权。前面两条有关组织架构的考虑是针对采购内部而言的，从这一条开始针对的是采购外部企业内部。因为历史因素，采购在企业内部地位不高，在决策事项中缺乏话语权，因而需要企业在流程中做出特别规定。不过，"有为才能有位"，除了流程上有规定以外，采购也需要在价值创造中发挥作用。

> 例如，当一家企业因成本过高正计划要淘汰一些功能优异的产品时，项目采购人员主动介入。他们协同市场和研发团队，对自家及竞争对手的产品进行拆解、比较，又协同品类采购重新审视供应商开发，协同计划和物流理顺了实物流链条。最终，采购部门花费几周时间后确定了新的方案，使产品的总成本实际降低了 20% 左右，救活了该产品，为企业赢得了不错的利润空间。

最后，企业高层应当有席位。通过前面论述，我们已经认识到采购是企业的核心职能，为了保证采购部门的地位和话语权，让它能够发挥主动性、专业性，采购应当在企业组织架构中的高层有一席之地，**如在董事会有席位，或者设置采购副总或 CPO，最起码也应设有采购创新职能与高层直接沟通的渠道。**

> 如上面提到的飞利浦团队，正式名称为 DFX 顾问团队，该部门直属于集团中央采购部，向荷兰总部汇报。该团队成员作为教练，各事业部选派直接参与者，组织项目组，对各事业所需采购的品项依次循环地进行研究。

采购作为桥梁，需要经常协调供需双方合作进行创新活动。2018 年 5 月 16 日，高德纳在"供应链全球 Top 25 强"发布会上，预测了"供应链五大职位的未来发展"，其中第一条就是"采购（寻源）主管将成为创新协调者"（见图 2-11）。

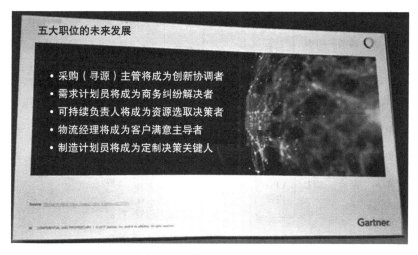

图 2-11 高德纳关于供应链五大职位的未来发展

然而，国内企业中采购部门是"控本压力"的直接承受者，"创新协调人"的角色还不足以帮助其完成"控本任务"，很有必要转变为"牵头人"或者"主导者"的角色。因为采购部门要承受压力，所以可由其主导，在采购部门内部或跨采购部门设立专门的创新机制，以"发现问题、选择对象、开展活动"。可能有人会质疑：采购怎么可能有能力来"主导创新"呢？别忘了，"整合资源"是"采购"的本职工作，为采购创新活动制订并落实一套科学的创新资源整合方案，对采购来说并不是难事。

另外，未来采购连接供应商资源，熟悉采购侧供应链的专业技术，掌握着有利于做出决策安排的完整数据，完全有能力成为创新的主导者，甚至直接成为产品经理。在这方面，小米公司已经有了成功的先例，当年雷军成立小米公司时，只拥有发烧友通过社区互动产生的创意，却硬生生地凭借采购职能整合的设计供应商、生产供应商等实现了 2014 年全国手机销量第一（见图 2-12）。另外，正是凭借雷军对供应商的整合能力，帮助小米公司走出了 2016 年的低谷，并正在努力打造手机生态链：应用互联网开发模式开发产品，用极客精神做产品，用互联网模式去掉中间环节，致力于让全球每个人都能享用来自中国的优质科技产品。

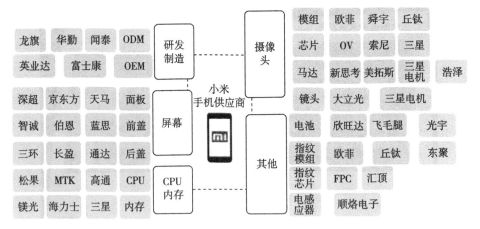

图 2-12　2017 年小米手机核心供应商

战略制定：从战略缺位到战略必须

前面从"资源、角色、品类、组织"四个方面呈现了采购"三分链条有其一，我的地盘我专业"的战略职能定位。目标明确了，企业就需要制定采购战略来逐步落实。

所谓战略就是在勾画未来愿景、制定长期目标的基础上，谋划实施路径。大部分企业都制定了企业发展战略，企业整体战略需要职能战略来支撑，比如市场战略、财务战略、产品战略、人力资源战略等。之前由于企业不太重视供应链管理，所以很少有企业制定供应链战略，更不用说制定构成供应链战略核心的采购战略了。

随着采购职能从"辅助支持"转变为"战略决策"，采购战略就不应该再缺位了，而应当从"职能定位、组织架构、激励机制、人员发展、信息系统、科学管理、品类细分、供应商开发"等方面科学筹划，全力支持供应链战略乃至企业战略的实现。

职能定位主要解决是否要让采购从现在的被动获取资源转变为能够在采购侧供应链独当一面。

组织架构在安排上要能促使采购部门逐步从被动走向主动，有能力与供应商合作，与内部需求部门合作。努力让采购部门不仅是计划、研发的被动执行部门，而且是主动支持部门。

未来采购部门是企业采购侧供应链的创新型组织，应当在如何调动下属机构和员工个人的积极性上做出规划。

企业对创新人才的来源或履历也应当做出规定。我们发现很多采购创新人员都有深厚的技术背景，或来自产品研发部门，或来自工艺设计部门，比如迈尔斯原先是电器工程师。如果现在企业的商务型采购在向技术型采购转变过程中确实有困难的话，可以考虑直接从技术部门选拔员工。

数字化战略着手考虑采购各职能如何"＋数字化"的问题，有些职能可能要被数字化取代，有些职能可能要借助数字化来提升效率。例如，企业可以借用创新信息管理系统对采购人员创新能力、供应商创新能力以及内部合作伙伴进行评价；可以借用数据库，提升采购部门的知识管理能力，让隐性知识显性化、个人知识组织化。

尽管采购战略的主要功能是支撑供应链战略和企业战略，但采购战略的制定与发布还可以产生溢出效果。战略的制定过程可以让采购部门全面系统地思考采购优化与供应链优化以及企业整体优化的关系；采购战略的发布可以把需要企业高层和其他部门的支持正式、系统地表达出来。

说起采购战略，很多人容易将其与战略采购相混淆，实际上前者是一种规划、安排，而后者是一种行为，是区别于普通采购的影响重大的采购行为。以下案例"扶持供应商实现零部件国产化"（源于公众号，宫迅伟采购频道，作者汪浩）中的行为就是战略采购。

2002年，苏州一家德国独资企业H公司，需要对一个进口零部件国产化，负责这个部件国产化的采购主管弗兰克（Frank）在开发供应商的时候遇到了难题，接连找了好几家有这样能力的供应商，都被拒绝了。原来这个零部件很小，但很复杂，精度要求很高，图纸也是德国的，且是用德语绘制的。供应商看不懂图纸，有的说这种进口件要求高，以前从来没做过，有的说这需要更精密的设备才可以做。另外大家手上的活都很多，开发这个新产品，需要投入一定的人力、物力，需要牺牲手头上一部分现成的订单，而回报是未知的。所以，谁也不愿意接这活。

但H公司下定决心要实施国产化，老板对弗兰克说，无论如何，今年一定要实现国产化，这个零件以后的用量还是很大的。

这样，弗兰克继续踏上开发供应商之路，在他的不断努力下，终于说服了一家苏州本地的供应商A公司。A公司规模不大，订单也不多，老板黄总是技术出身，喜欢挑战高难度的任务，所以同意试一试，但这个过程还是比较漫长的。在弗兰克的努力和H公司德国工程师的指导之下，历时半年，A公司来来回回给H公司试了十几次样品之后，德国工程师对质量才勉强满意，首检FAI正式通过。这时候，一晃时间已经到了2002年年底。

弗兰克喜出望外，自己的努力没有白费，老板对弗兰克的工作很满意，把弗兰克的职位从采购主管提升到了采购经理。根据2003年的需求计划，弗兰克让A公司报价，A公司一看数量还不少，就核算了一下成本，报了每个13.5元。弗兰克跟A公司的黄总谈判，又降了1元，把价格降到12.5元。

2003年，A公司一直向H公司稳定地批量供货，累计供了28万个这种零件，到了年底，弗兰克已经拿到公司2004年的采购计划，大约有40万个。这一天，弗兰克泡了一杯茶，坐在椅子上正在想着下一年的降价计划，因为数量增加了近一半，所以应该还有降价空间。正当弗兰克考虑如何去跟A公司谈降价的事，这时候，办公室的采购助理杰茜卡（Jessica）拿了一份文件过来，递给了弗兰克："经理，你的传真！"

弗兰克一边喝茶，一边接过杰茜卡递过来的传真，快速看了一眼，突然把眼珠子瞪得又圆又大，刚喝到嘴里的茶立马喷了出来，脑子里一片空白。

这是一份 A 公司发过来的传真。

传真上写着："肖经理，你好，由于最近人工成本上升，原材料价格上涨，我公司决定把价格进行调整，价格由 12.5 元 / 个调整到 36.5 元 / 个。"

弗兰克赶紧打电话给 A 公司的黄总，"喂，老黄，你在搞什么？价格怎么成了 36.5 元？是不是写错了？"话筒那边说："没有，这是我们经过认真研究决定的。要不然，你还是过来谈谈吧。"

弗兰克即刻马不停蹄地赶到 A 公司，因为同在一个城市，半小时后，弗兰克就到了 A 公司，刚到黄总办公室门口，弗兰克就喊起来了："老黄，你疯了吗？砸我饭碗是不是？"黄总笑着说："别生气，先喝杯茶吧。"说着，黄总的助理给弗兰克泡了一杯陈年普洱。

"关于这次涨价，我实在是没有办法。"黄总说道。弗兰克抿了一口茶，感觉味道有点苦涩，又吧嗒吧嗒吸了几口烟，然后把烟头狠狠地摁到烟灰缸里灭掉，对黄总说："老黄，你做人忒不厚道呀，当初在我的帮助下，你才能做出来这个零件，现在我们每年订这么多的量，明年还要增长近一半，你现在过河拆桥，突然说涨价，还涨这么多，你到底什么意思？"

随着谈话的深入，黄总也就不再隐瞒了，黄总叹了一口气，说道："唉，事情是这样的。大约两个月前，西班牙的 S 公司不知道怎么找到我们，这家公司是你们的同行竞争对手吧？你应该知道的，它也在找这个零件的供应商，你也知道这个零件的精度要求很高，很难做，不知道它怎么打听到目前我们正在给你们 H 公司供这种零件，于是就联系我们，说它也需要，而且一年不少于 20 万个。S 公司去年在青岛投资建立了一家工厂，现在已经投产了，上个月我们已经给它提供了样品，测试也通过了，之后他们就立马过来跟我们谈年度合同。"

"S 公司的采购负责人是西班牙人，他过来考察了我们工厂，对我们很满意，他问我给你们的价格是多少，我没说，然后他就说这个零件在欧洲的采购价格是 8 欧元，也就是差不多 80 元人民币，给我们目标价是不超过欧洲价格的一半。所以我就给他们报了 38.5 元。不过考虑到你们是老客户，而且当初做这个产品也是靠你帮忙，所以我想来想去，每个还是给你们优惠了 2 元。"

听完了黄总这番话，弗兰克彻底懵了……

当然，H 公司的这个"战略采购"由于实施得不怎么成功，让企业陷入了被动。假如当初与供应商签订排他性协议，假如量产成功以后愿意与供应商长期分享企业所得，假如量产一年后开始扶植第二个供应商等这一系列战略采购动作执行到位的话，就会让企业掌握主动权了。

采购如何从"辅助支持"转变为"战略职能"：劣后供应商和帮扶供应商

各位读者，作为企业高管或采购主管，对照前面的内容，可以深刻反思一下，你所在企业的采购现在处于哪个阶段？从公司发展定位来说，采购应该达到哪个阶段？如果想达到那个阶段，下个阶段应该采用什么样的举措？有的企业成立了专门的采购创新团队，有的企业对从外部获取的资源实现由采购全权负责，有的企业推动供应商早期参与，有的企业与供应商互联互通尝试智能合约的自组织模式。为了促进采购从被动转向主动，措施多样，途径众多，不一而足。下面提供了"劣后供应商"和"帮扶供应商"两种思路供参照。

劣后供应商——一种新型的战略供应商关系

1. 卡拉杰克矩阵留下的难题

卡拉杰克矩阵源于 1983 年《哈佛商业评论》上的一篇文章《采购必须纳入供应管理》(*Purchasing must become Supply Management*),作者是彼得·卡拉杰克(Peter Kraljic)。时至今日,卡拉杰克矩阵已成为企业采购经理人处理物料与供应商分类问题的基础工具。

卡拉杰克矩阵的一个直接应用是:企业应针对不同类别的供应商,采取差异化采购管理策略。但什么是"差异化采购管理策略"?卡拉杰克矩阵本身并未对此问题进行详细阐述。多年来,采购管理实践者和理论研究者不断探索,形成了一些共识(见图 2-13)。

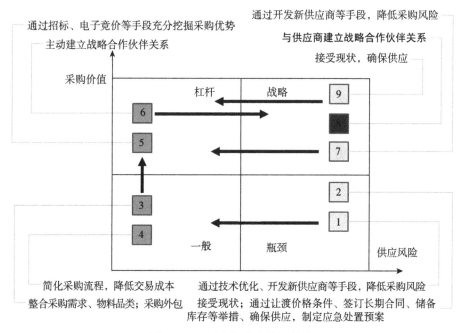

图 2-13　差异化采购管理策略

(1)面对瓶颈供应商,典型的采购策略是"降低风险,确保供应"。比如,企业可以开发替代物料和供应商,降低独家供应风险;如果短期内实在做不到,不得不接受现状,则至少应该千方百计确保供应,比如可与供应商签订长期合同，在价格上做一些让渡，贮备库存等。

（2）面对杠杆供应商，采购策略是"努力发掘我方采购优势"。既然供应风险小，我方采购量又大，多"压"一下供应商是可行的。

（3）面对一般供应商，采购关注的重点又变了。这类供应商所供物料价值低，风险小，所以企业应该"控制采购交易成本"。企业通常可以通过整合供应商，将采购作业外包，或优化内部采购流程等方法实现采购成本控制。

当面对杠杆型、一般型和瓶颈型供应商时，以上策略指引为采购经理设计管理举措提供了有力的支持，但这并没有回答采购经理心中的所有困惑，至少有一个"大坑"还没有填上：如何处理与战略供应商的关系？如果只提"通过开发新供应商等新手段，降低采购风险"或"接受现状，确保供应"（图2-13中策略7、9），那么战略供应商就将与瓶颈供应商无异，没有必要单独列出一个类别。战略型供应商管理的精彩之处，是企业与其供应商构建了一种有别于简单交易关系的"战略合作伙伴关系"。但这种关系究竟意味着什么？企业具体应当如何建立并维护这种关系？这是个很现实而又令人头痛的问题。

有些企业误认为，只要给了战略供应商大额或长期订单就算建设了战略合作伙伴关系，其实这是一种误解。"大额或长期合同"同样可以用于其他类型的供应商，更重要的是，在这种举措下采供双方的关系仍然停留在订单交易层面，而非战略层面。还有些企业为建设战略合作伙伴关系，对战略供应商进行了实质性的投入，包括对供应商开展管理与技术帮扶，邀请供应商早期参与产品设计开发（ESI），或者参股供应商等。这些的确是更优的举措，"战略合作"的味道也更浓。

我们认为，真正的战略合作伙伴关系，意味着采供双方实现高度信息互通、收益共享和风险共担。那么，如果在供应商帮扶、参股、ESI等举措的基础上更进一步，"战略合作伙伴关系"会出现什么新模式？我认为，在当今互联网及信息技术进步条件下，很可能会演化出一种新型战略供应商关系——劣后供应商。

2. 什么是"劣后供应商"

（1）什么是"劣后"？

"劣后"这个概念最初来自金融投资领域，这个词有点拗口，其实就是"优先"的反义词。我们用一个简单的例子来解释下这组概念。

某甲拿出自有的10万元做投资，然后想找朋友某乙融资30万元，构成一个40万元的资金体量。乙有点担心，说："万一投资赔了怎么办？"甲说："那这样吧，我们约定1年后给你8%的回报，30万元的8%就是2.4万元。投资如果赔了，先赔我的10万元，你的收益不受影响。但如果赚了大钱，你也就不能享受了，只能拿8%的固定收益。"乙表示同意。在以上的结构中，甲的10万元就是"劣后资金"，乙的30万元是"优先资金"。

假设1年后甲赚了50%，资金体量变成了60万元，那么甲就要在60万元中按8%的年化收益率支付给乙利息2.4万元和本金30万元，总计32.4万元。此时，甲的本金和收益合计为27.6万元（= 60万元 – 32.4万元），减去甲的10万元本金，甲净盈利17.6万元，盈利率为176%，远远高于乙的8%的盈利水平。但如果不幸亏了10%，40万元本金变成了36万元，这时乙的收益率仍是8%，甲依然要支付32.4万元给乙。所有的亏损都要由甲自行承担，甲手中资金只剩余3.6万元（=36万元 –32.4万元）。甲的损失率为64%，十分惨重。需要说明的是，乙的优先资金不是绝对没有风险的，而是当甲的劣后资金全部亏损完以后才轮到优先级资金亏损。

所以，我们不用纠结"优先"和"劣后"的字面意义，只需要记住它们对应的风险结构即可：

优先——低风险低收益

劣后——高风险高收益

当然，如果乙也十分看好这笔投资并愿意承担较高风险，他完全可以提出以劣后投资人身份参与。甲乙双方共同劣后，要赚一起赚，要亏一起亏。

（2）劣后员工。

员工是企业的人力资源，如果我们借用优先/劣后结构来考察人力资源在企业经营活动中的定位，会发现在多数企业中员工是处于"优先"地位的。员工与企业签订了劳动合同，相当于把自身的劳动时间让渡给企业使用，企业按照劳动合同中的约定，定期向员工支付薪酬。如果企业某年经营效益特别好，多数的收益归属于股东；员工最多可以多拿些年终奖，但发不了大财。反过来，如果企业出现了亏损，也要先由股东承担，而员工的工资是必须足额发放的。面对企业经营收益和风险，员工优先，股东劣后。

优先地位体现了对员工劳动者权益的保护，但同时也容易造成一个问题：员工不关注企业整体经营成败。类似前面提到的合伙投资的甲和乙，真正关注投资活动策略细节及总体收益情况的是劣后投资人甲，而乙作为优先投资人，只要能定期收回本金和利息即可，优先员工也会有类似倾向。加之传统"金字塔式"科层组织结构把产品价值链切分成销售、研发、制造、采购、售后等诸多割裂部门，各部门之间"串联"工作，员工只关心本部门职责领域内的活动，企业中除总经理外缺少对产品成败负责的主体。

员工的这种心态并不符合企业股东的最大利益，很多企业家在思考如何让企业和员工结成命运共同体。不少企业实施了员工股权激励计划，这就赋予了员工一定的劣后身份。但对于体量较大的企业，持有企业少量股份尚并不足以改变员工"搭便车"的心态。

如何让核心员工与企业共同劣后？一批优秀企业探索出了"事业合伙人""平台型企业"等新型组织与激励模式。以海尔集团为例，其近年来打造的"平台+小微经营体"就是一种精巧的结构。它打破了原有的科层制体系，改变了"上级管理下级"的模式，企业转变成为员工提供创业服务的孵化器，而 8 万名员工则转变为 2000 多个小微自主经营体。在"平台＋小微经营体"组织模式下，前台（即小微经营体或小微）就是企业内部的创业团体，对特定产品（或产品型号）的成败负责。之所以称为"小微"，是因为它只包括与产品成败关联度最高的核心职责与核心员工，如销售、研发、采购等。笔者曾经给一家企业设计过类似的前台组织，最小的"小微"甚至只需要三个人：产品经理（或项目负责人）、营销总监、研发总监。小微对外深度研究某个细分市场需求，赢得客户信任，获取订单；对内提出产品开发需求、销售预测、目标成本等，并组织生产。产品销售、开发、生产所需的具体工作，则由小微"拉动"后台资源或其他小微实现。比如研发总监提出产品开发需求，具体设计工作由后台设计部门人员通过"领任务"的方式完成，并向研发总监交付。

这些和劣后有什么关系？小微经营体中的员工与传统组织中的员工存在重大身份差异，他们在创业早期只领取最低额度的基本工资，而且要和平台签订对赌契约。作为一个整体，他们和产品共存亡，即产品成功，他们发财；产品失败，他们几乎一无所获。小微在决策、用人、分配等方面拥有很高的自主权限，实施独立核算。瞧，小微经营体就是其所属产品的"老板"，他们从原来的优先员工变成了劣后员工。

小微经营体的"凶悍"之处，不仅在于其转变了员工身份和心态，还解决了传统组织的一个顽疾——部门墙。小微经营体是一个跨部门、跨专业的组织，名义上各成员有专业属性（如营销、研发等），但实际工作开展起来后专业分工会变得模糊。在传统"串联"模式下，各部门完成上游部门传递的指令即可，而在"并联"模式下，大家会联成一个以客户为中心的整体。

"平台＋小微经营体"管理模式已经在很多企业中得到实践，并取得了惊人的成效。比如火爆网络的"雷神"游戏本，就是海尔一个小微经营体的产品。互联网服装品牌韩都衣舍也建立了 200 多个高度灵活的"小组制"来应对外部需求的复杂性。这种组织模式变革为什么可以获得成功？

海尔集团董事局主席、首席执行官张瑞敏指出，互联网带来的"零距离"将以企业为中心颠覆为以用户为中心，使大规模制造变成大规模定制，这是对传统科学管理原理的颠覆；互联网带来的"去中心化"把员工的领导从过去的上级变成了用户，这是对科层制的颠覆；互联网带来的"分布式"意味着资源不局限于企业内部而是来自全球，"世界就是我的研发部"，这是对企业内部职能再平衡的颠覆。

（3）劣后供应商。

与资金、员工一样，供应商同样是企业的重要资源。既然资金可以劣后，员工可以劣后，那么供应商是否可以劣后？如果我们在小微经营体基础上再向前迈一步，把战略供应商也拉进来共同劣后，就会出现如图2-14所示的一种新型模式。

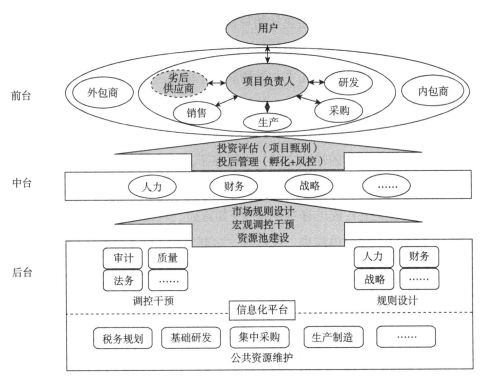

图 2-14 劣后供应商运作模式

- 供应商核心团队（销售、研发等）以合作者身份进入甲方小微经营体，与甲方共同面对终端市场与客户需求，推动产品开发。
- 甲方在产品量产前无须承担供应商方面的任何成本；供应商可以获得甲方产品"虚拟股权"。
- 甲方在产品量产后，供应商按产品"虚拟股权"份额分享甲方产品销售额与利润。

表2-1给出了传统供应商与劣后供应商的主要差异。

表 2-1　传统供应商与劣后供应商的主要差异

	传统供应商	劣后供应商
与甲方关系	交易与博弈关系	"并联"合作关系
经济收益模式	基于所供物料获取销售额和利润来源	以所供物料或服务（虚拟）参股甲方产品，分享甲方产品销售额与利润
供应商的责任	保证所供物料符合甲方要求（质量、交付、成本、服务等）	保证所供物料帮助甲方产品获得市场成功

这里我们先简单勾勒劣后供应商的外貌，以下将对这种新型模式的特征做更详细的介绍。

3. 劣后供应商的价值

企业为什么要推行劣后供应商模式？当然不只是为了填卡拉杰克矩阵留下的那个空，而是因为这种模式可以为采供双方都带来高价值。

（1）有利于甲乙双方结成命运共同体，建设真正意义上的"战略合作伙伴关系"。

劣后供应商模式最直接的作用，是把供应商与甲方的风险和收益紧紧捆绑在了一起，使双方从博弈关系转为并联合作关系。在传统意义上，甲方与供应商（哪怕是战略供应商）关系的核心纽带是供应商所供物料或服务，双方围绕交易标的开展博弈（见图2-15）。"与甲方争利"会不自觉地成为供应商的主导心态，毕竟甲方多（少）付1元，乙方就多（少）赚1元。于是双方漫天要价，坐地还钱，谈判成本很高。若是物料或服务出现了质量、交付等问题，采供双方还很容易出现对立情绪：甲方要考核、扣款，供应商则要争辩、推诿。总之，采供双方员工常常在"关系"上耗散大量心理能量和管理成本，大家都忘了共同目标是为终端客户创造价值。

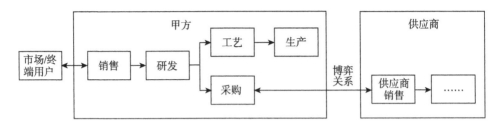

图 2-15　传统供应商的串联模式

劣后供应商在管理逻辑上是小微经营体的成员，是甲方产品的虚拟股东，在这个身份下，供应商是甲方产品的开发者，而所供物料只是实现此身份目标的工具和手段。这种身份转变一方面可大幅提振供应商的积极性与主动性，另一方面可促使供应商更多地将视角投向终端市场，其主导心态会转为"助力甲方产品获得市场成功"。心态一变，行为也会相应改变，甲方与供应商间的矛盾处理也容易得多。打个比方，我在足球场上是踢边后卫的，如果对方前锋晃过我方中后卫，杀向禁区中路准备射门，此时我豁出命也要先奔到球门前堵住球，哪里还有心思找中后卫理论"你怎么把位置丢了呢"。因为我深知，输了球淘汰的是整个队伍，而不是某个球员。图 2-16 给出了劣后供应商的并联模式。

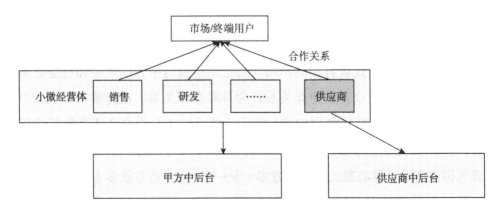

图 2-16　劣后供应商的并联模式

（2）增加供应链透明度，使供应商直接感受终端市场温度。

在串联工作模式下，供应商按照甲方的需求开发并制造物料，而终端市场对其而言是一个看不见的黑洞。一些企业推动供应商早期参与产品开发（ESI），但重点落在"早期"，而没能改变供应商和终端市场信息割裂的基本格局。甲方总希望供应商能在产品开发设计过程中持续向自己提出优化改进意见，但供应商和终端客户的交互强度远远低于甲方，"优化建议"事实上是无源之水。互联网时代的产品开发讲究"唯快不破"，反复试错、高频迭代是必由之路。我们听过无数供应商的技术人员抱怨甲方设计变更太频繁，但似乎很少有供应商能理解或愿意理解设计变更背后的原因。

供应商远离终端市场，对其资源配置决策也相当不利。比如，供应商如何配置自己的产能呢？此时供应商往往需要依据甲方的市场预测。但供应商常常对甲方提供的市场预测数据半信半疑，不敢轻易扩充产能。因为一旦甲方产品销量不及预期，供应商过大的产能会严重削弱其与甲方的博弈能力。

稍有战略眼光的供应商都会对这种现象感到不满，他们渴望直接感受终端市场温度，洞察市场对自身产品的需求发展趋势，但传统的采购模式并没有为他们提供这种机会。在劣后模式下，以上问题则都可迎刃而解。供应商作为小微经营体中的并联主体，可与甲方团队共同分享终端市场信息。供应商后台团队也会因此更加信任前台团队，愿意接受他们的调配，因为他们是"听得见炮火声"的人。

（3）有利于检验采供双方建立战略合作关系的诚意。

对很多中小企业而言，能成为大型知名企业的战略供应商是一件荣耀的事情。如果一家大型知名企业问其供应商："是否愿意成为我们的战略供应商？"它八成会得到肯定的答复：为什么不呢？"战略供应商"是个光鲜的抬头，先拿着再说。但此时采供双方可能都没有充分理解"战略协同"到底意味着什么。

未来，"是否愿意共同劣后"很可能成为检验采供双方深度合作诚意的一种有力方法。甲方可询问供应商："我们明年要开发一款新产品，你们是否愿意以'劣后供应商'身份参与？"供应商如果同意，代表其看好甲方发展和产品前景，信任甲方管理体系。打个不恰当的比方，接受劣后身份相当于供应商向甲方交了一份"投名状"，愿意与甲方同呼吸共命运。实力较强的供应商甚至可以主动向甲方提出劣后合作模式。当然，以上判断的反命题并不成立，实施劣后模式需要很多前提条件，对方暂时婉拒也并不代表缺乏诚意或不够忠心。

4. 劣后供应商的实施条件

以上谈到了劣后供应商的好处，但并不是所有供应商都适合成为劣后供应商。我们认为，推进劣后供应商模式至少应满足以下前提条件。

（1）物料与服务属性。

在劣后模式下，供应商所供物料或服务应该具备以下特征。

a. 具有较高定制化程度。如果所供物料或服务是标准品，甲方使用传统采购模式直接从供应商采购即可。定制化程度越高，越需要采供双方产品开发人员高频交流，越需要供应商对终端客户和市场有深刻理解，劣后模式也可发挥更大优势。

b. 能直接影响甲方产品核心竞争能力。甲方产品中各零部件对产品整体质量技术水平和客户体验的贡献程度是不同的，其中少数物料性能可直接凸显甲方产品区别于竞争品的核心竞争能力，是甲方产品的"亮点"，企业应优先拉住此类供应商共同劣后。当供应商的创新意愿与能力被高度激发时，非常有利于甲方制造"爆款"，供应商也可借此分享超额利润。

不难发现，有很多产品和其零部件的关系是符合以上特征的，比如汽车整车厂采购的发动机、手机制造企业采购的芯片等。劣后模式不仅限于实物物料供应商，服务供应商也可以劣后。比如食品饮料企业可以用劣后模式与包装设计或营销策划服务商开展合作，前期不支付设计费用，后期以产品销售利润分享方式向服务商提供报酬。

（2）供应商具有一定的抗风险能力。

劣后意味着同时面对高风险和高收益，也意味着只有强者才有劣后的资格。以前面介绍劣后概念时提过的"劣后员工"为例，在产品获得市场成功之前，小微中的"创客"虽然在劳动关系上还是企业的雇员，但会放弃一切职务薪酬，每月只领取基本生活费。这对员工的经济基础和抗风险能力提出了较高要求。刚入职场，每月还要为房租犯愁的新人显然不适合劣后角色。

对于劣后供应商，也是同样的道理。劣后模式下的供应商为产品开发所做的一切投入，包括前期开发阶段的费用（模具、设计、试制、测试、人工、差旅、鉴定、认证等），甚至包括量产阶段的商品和服务成本都由供应商自行承担。在甲方产品产生销售收入之前，供应商会面临较大的现金流压力。此外，一旦甲方产品在市场上滞销，供应商会遭遇血本无归的处境。

所以，规模体量较小的供应商不适合成为劣后供应商。早期最愿意接受劣后模式的供应商，很可能是资金实力较为雄厚的大型企业。此类企业一方面有很多可带来现金流的主营产品；另一方面也在努力寻找自身产品创新突破口，并愿意为此承担一定风险。

（3）甲乙双方均已形成对产品成败负责的"小微经营体"。

"小微经营体"是对产品市场成败直接负责的主体，也是保证劣后模式成功的必要条件。笔者在管理咨询活动中见过不少采用传统科层制组织形式的企业，在产品立项程序上非常草率。销售人员看到一个市场机会，不对市场前景做认真分析，就将需求抛回公司内部，要求技术部门开发相关产品。技术部门投注很大的精力做出产品原型后，销售人员一句"客户不想要了"，就让产品胎死腹中，此前的所有努力付之东流。销售人员虽说没挣到提成，但也没什么损失，反正东边不亮西边亮，一直碰运气总有成功的。技术人员则闷坐家中，其绩效和产品市场表现基本无关，所以也不在乎产品究竟卖出去多少，甚至还会拿着一堆所谓的"创新"去邀功。公司里的每个部门看似都忙得不亦乐乎，但除了总经理外没有一个部门对产品成败负责。如果甲方是以上这种工作状态，自己都没有劣后团队，供应商是决然不敢拿自家性命去跟着冒险的。套用电影《泰坦尼克号》中的一句台词："You jump, I jump！"你先豁出去了，我也豁出去了。只有甲方先打破科层制组织，构建对产品成败直接负责的小微经营体团队，以劣后方式斩断自己的退路，供应商才有可能信任甲方。反过来也是同理，如果供应商是传统科层制组织，出了问题，各部门相互推诿扯皮，碰到稍复杂的问题，甲方每次都要找供应商总经理协调解决，劣后也就无从谈起了。

（4）虚拟股权计量机制。

劣后供应商的经济收益来自所占甲方产品的虚拟股权，如何公平合理地计量供应商所占虚拟股权份额将成为一个焦点问题。一种简单的方式是事前约定，类似出版社和书籍作者确定的版税比例。如果小微经营体开发的产品只涉及改良式创新，各参与方成本投入有丰富的历史数据可以借鉴，则事前约定是可行的。

但如果开发的产品涉及颠覆式重大创新，小微经营体在发展过程中会遇到大量不确定性和变数，无用功、回头路、试错、迭代……都是家常便饭。最后产品成功了，谁的贡献大，谁的贡献小？企业在创业之初很难判断得清楚。过早确定各创业者的股权份额，很容易在后期引发矛盾。那么，在早期回避股权分配问题行不行？肯定也不行。供应商毕竟是"外人"，一定会留着心眼，怕被甲方内部人欺负。此时各参与方很可能需要建立一个动态股权计量机制，在产品开发过程中按照既定的价格规则实时记录各参与方在资金、人力、技术等方面的投入，并形成一个分布式的、不可篡改的"贡献账簿"记录。相信到2025年，区块链技术及智能合约应用将趋于成熟，完全可以支撑以上需要。限于篇幅，这里不再展开介绍相关细节，感兴趣的读者可参考《切蛋糕：创业公司如何确立动态股权分配机制》一书。

（5）采供双方已存在较深厚的信任基础。

最后，也是最重要的一项是：采供双方的信任基础。前面反复提到，"劣后"是一种生死与共的关系，所以对采供双方间的信任程度有较高要求，故合作时间尚短或信任程度不高的供应商都不宜采用劣后模式。劣后模式的一大优势是可促进甲乙双方坦诚沟通，但如缺乏深度信任，反而会平添很多沟通难题，供应商会怀疑："甲方销售数据是否准确？""成本核算是否合理？""甲方产品经理是否偏心？"如果怀着这样的心理状态开展工作，劣后带来的优势会被抵消殆尽。

如何判断"采供双方已形成深厚信任"？通常采供双方应符合以下几项条件：

- 供应商绩效水平和评级较高；
- 双方信息系统已实现互联互通；
- 双方熟悉彼此"平台＋小微经营体"运作模式、工作流程、数据统计及成本核算方法；
- 双方参与小微经营体人员已建立起工作及私人友谊。

5. 小结

"卡拉杰克矩阵"问世35年，为采购经理人管理供应商关系建立了基本框架。但"战略供应商"究竟意味着什么，管理理论界和企业实践中仍然存在较大困惑和纷争。笔者认为，劣后模式很可能会成为未来企业与供应商建立战略合作伙伴关系的一种基本范式，推动采供双方真正实现信息互通、收益共享和风险共担。目前受各种条件限制，还鲜有企业推行此种管理模式，这里体现的更多是笔者的推演、畅想和预言。相信随着数字化时代信息技术的飞速进步，以及"平台＋小微经营体"组织模式在企业界的普遍实践，逻辑上必然会演化出劣后供应商关系模式。如你对此种新型模式感兴趣，欢迎与中国采购商学院的专家一起探讨！

帮扶供应商——一种培养战略供应商的思路

这里讨论的帮扶供应商，主要是指下游制造商帮扶上游供应商或者下游零售商帮扶上游制造商。传统上讨论的帮扶，更多是指制造商帮扶供应商。现今的零售商如阿里巴巴、国美、京东、苏宁，甚至网易严选，也都有大量的供应商需要帮扶。我们不讨论上游供应商帮扶下游制造商或者上游制造商帮扶下游零售商，当然本节的讨论在原则上也是适用的。

本节围绕"供应商帮扶"这个主题，从如下三个方面展开讨论。

首先，谁需要帮扶？说得具体点，哪些供应商需要帮扶、哪些不需要帮扶？或者换个说法，供应商是培养出来的，还是选择的？

其次，对于需要帮扶的供应商，需要提供哪些帮助，即帮扶的内容有哪些？

最后，如何帮扶？针对不同的帮扶内容，是否需要不同的帮扶方式？

下面我们将分别讨论上述三个问题。

1. 谁需要帮扶（供应商是选择的，还是培养的）

日本汽车制造商丰田、本田一直帮扶它们的供应商（《改变世界的机器》），之后韩国的现代汽车也在这样做（在20世纪90年代），例如派驻工程师到供应商处，帮助供应商提高产品品质、产能，降低次品率。但任正非说，华为的供应商从来都不是培养的，而是选择的。那么，供应商到底是选择的，还是培养的？我们相信，他们的做法、说法都对。所以，问题变为：谁需要帮扶？

为此，我们考虑两个问题：①供应商是否需要培养？②制造商是否有能力培养供应商？

为回答这两个问题，首先需要搞清楚的是，企业对供应商管理的目标是什么？笔者曾在2012年做过企业的供应商管理调研，发现制造商选择供应商的标准，首先是质量合格，其次是价格低廉，最后是交货及时，这也是企业进行招投标时对供应商评价的主要因素。因此，仅当这三个方面有不满足时，才需要培养供应商。从供应商本身来说，它们需要权衡质量、价格、交货这三个因素，因为这三个因素是互相矛盾的：当企业的产品质量提升时，生产成本往往会随着提高，交付价格也会随着提高；为了交货及时，企业往往需要加班生产，这也会提高生产成本，从而提高价格。这为制造商提出了问题：

制造商如何权衡其供应商的质量、价格、交货这三个因素，以提升制造商的利润？制造商应结合考虑企业的市场需求（依赖于质量、价格）及其生产成本。

对制造商来说，其某个零部件的供应商可能有多个，那么需要供应商整体有足够的总产能和足够低廉的整体价格（这往往需要有足够数量的合格供应商）。如果没有质量合格的供应商，或者质量合格的供应商数量不足（从而不能有效降低成本），或者（交货及时的）合格供应商的成本都偏高、产能不足，那么制造商就会遇到困难。此时，如果制造商有培养供应商的能力的话，制造商的一个选择是培养供应商。

在考虑培养供应商时，制造商还需要考虑如下两个额外的问题。

第一，是培养供应商，还是制造商自己做？也就是这样的产品、能力是不是制造商所应该掌握的核心的产品与能力？

第二，需要考虑培养供应商的副作用，这些副作用对企业的影响如何？下面列出一些常见的副作用。

（1）培养的供应商做大后，可能会成为制造商的竞争对手，或者培养的供应商后来去帮助制造商的竞争对手。

（2）所培养的供应商是扶不起的阿斗，没培养起来，而市场上又出现了更好的供应商，它们的质量更好、价格更低、交货更及时。这意味着企业培养供应商的付出，都白白浪费掉了。此时，企业是继续培养，还是放弃，重新选择供应商？

（3）培养供应商的知识产权问题。在培养供应商时，制造商与供应商都付出了很多，比如双方合作研发了一个新的部件，所以双方也都拥有这个新部件的相应知识产权。这会产生哪些问题？

a. 有公司将非关键品外包，而自行研发核心部件，这就避免了知识产权共享的问题。很多中国公司不会将在海外 10 年内开发的技术转移到中国，而是去知识产权保护好的国家生产，如新加坡。

b. 军民两用的产品，外资企业不会引入中国，如"汽车尾气排放，冲击轮，再转化到发动机去"的技术。

总之，制造商在市场上选择不到足够的、满意的供应商，相应的能力也非自己的核心能力，而且自己有能力帮扶时，才需要考虑培养供应商。同时，制造商还需要从战略上来考虑培养的问题。

上述考虑在未来的 2025 年将不会有过大的变化。

2. 帮扶什么

前面我们说过，通过调研我们发现制造商最关心供应商的产品质量、价格、交期。因此，制造商在帮扶供应商时，自然也会将主要精力放在提升供应商的产品质量、降低成本、缩短交期这三个方面。丰田、本田汽车在 20 世纪六七十年代，韩国现代汽车在 20 世纪 90 年代，都在这三个方面帮扶它们的供应商。

但是到了 2025 年，还会继续是这三个方面吗？

从互联网的发展、零售业的趋势、数字经济的发展来看，消费者的主权意识不断提升，需求个性化的趋势越来越明显，制造商越来越需要迎合消费者。同时，消费者对产品质量的要求，不再是过去的那种功能符合要求即可，也不仅仅是服务足够满意即可，而是要有很好的体验。

因此，消费者参与设计，进而消费者、制造商、供应商共同参与产品设计、开发，将变得越来越重要。随着中国制造业的不断进步，以及"中国制造 2025 计划"的实施，产品的质量、成本降低、产能都能获得充分的保障，从而不再成为问题，而且产品的生产过程将数字化、智能化，相应地，产品的质量信息、成本信息、交货时间都将基于数据，在互联网中实时分享，从而能够自动执行。

因此，产品设计、开发将会成为企业考虑的首要因素。由于制造商（如海尔）比供应商离消费者更近，从而能更好地理解消费者以及消费者参与，因此，制造商将在新产品设计、开发方面有能力帮扶供应商。也就是说，制造商帮扶供应商的帮扶领域，将从传统以质量提升、成本降低、产能提升转移到新产品设计与开发方面。

当企业的供应商众多时，传统上它会对供应商进行分类，其中特别重要的称为战略供应商。战略供应商是指那些能满足企业未来（战略）需求的供应商。有的企业的战略是提升品牌力，有的是开发新产品，有的是降低成本，有的是降低采购价。不同的战略，对未来供应商的培养不同。如果是开发新产品，就需要有能与企业相配套的开发能力的供应商；如果是降低成本，就需要能降低部件成本的供应商。

但到了 2025 年，战略供应商将被重新定义。我们认为，战略供应商将是那些能与制造商一起设计、开发新产品，以满足人民群众日益增长的美好生活需求的供应商。

品牌制造商、大型零售商，一般建有其自己的平台，如海尔、阿里巴巴、京东。通过平台，供应商不仅能与制造商连接，还能与制造商以及最终消费者连接。各类数据（供应商的数据，制造商的数据，消费者的数据，产品设计与开发、产品生产、消费者的购买与使用数据）打通、共享。特别地，制造商将帮助供应商打通数据，并与平台、下游消费者无缝连接。

在这样的场景下，制造商如何帮扶供应商？

传统上，制造商可在金融、人力资源、企业社会责任等方面帮扶供应商。

3. 如何帮扶

如何帮扶，也即帮扶的方式与方法。传统的方法之一是制造商将其工程师派驻到供应商处，但在未来这种情况会越来越少；之二是与供应商分享信息，如召开沟通会，但在未来这样的信息分享会更全面，进而实现自动化、数字化。

首先，帮扶供应商提升与消费者沟通的能力、参与产品设计和开发的能力，以及与众多利益相关者一起的参与协调能力。

其次，合资机构会越来越流行，当然，是区块链下数字的、虚拟的合资机构。所以，合作的模式会越来越重要。对于这方面，按照我们的研究，有如下的建议。

（1）合作精神非常重要，双方都要有利他性精神，当然领导者的利他性要更强一些。所谓利他，比如让合作伙伴多挣一些。

（2）双方在技术上、与消费者的沟通能力上要般配，但领导者要更强一些。

（3）在制造商帮扶供应商时，供应商是否也要投入？双方的投入是各自进行，还是协调决策？我们发现，双方投入比制造商单方面的帮扶要好，但此时，双方协调投入比各自投入更好，仅当双方的技术水平相当、谈判实力也相当（即相差不大，比较般配）时。

本章执笔人：胡奇英，复旦大学管理学院教授、博导；
邓恒进，博士，中国技术经济学会价值工程专委会常务理事；
汪亮，"控制与激发"管理理论开创者。

第 3 章

从"拍脑袋"到"数据决策"
——采购决策新思维

---- 导 语 ----

企业决策者要成为数字化转型的"引领者",要从经验判断转向"数据说话""智慧决策"。

决策,就是为了达成目标,在一定信息和经验的基础上,从两个以上的方案中进行选择的过程。信息是决策的基础,信息的数量和质量直接影响决策的水平。从前,由于信息获取困难、成本高,决策往往凭经验拍脑袋;未来数字化时代,信息获取成本低、质量高,决策一定依靠大数据。大数据时代,采购如何决策?

数字化时代，采购需要数据决策

互联网的本质是去中心化的信息流通与分享（也即连接）。它因此具有四大特征：去中心化、信息的透明与高效连接、去中介化以及中心化。由此，特别是互联网下效率的极大提升，使得企业界尝试将"一切业务数据化"：

- 开始时，将"事"（业务）数据化，也就是将企业的业务流程记录下来，把相应的数据放在网上，进行数据的分享、连接。
- 随后，将线下的"物"数据化。①2015年与2016年，线上与线下融合（O2O或O&O）很热门，其实质就是将线上的数据与线下的物或人进行融合，2017年的新零售是O2O的继续；②产品智能化实质是将物质产品的使用过程数据化；③工业4.0的狭义含义是将生产过程数据化，并与产品设计相结合。
- 同时，"人"的信息化也一直在进行中。一方面，企业的"事"是人（员工）做的，那么相应的记录也就是针对"人"的，即人的做事行为，由此来对相应员工进行考评、培训等；另一方面，"人"与"人"的交往、互动的信息，即社交信息，包括企业内部的、各种社交网络上的互动信息。

因此，可以说，互联网时代的企业将"**一切活动数据化**"，这是互联网时代的特征。我们称"互联网"是一个时代，是说"如果你不拥抱它，那么你与这个时代就没关系了"！尽管你拥抱它也不一定能拥抱住，但你不拥抱它那是一定拥抱不住的。

在互联网时代，数据——各种各样的数据——就这样沉淀下来了。当企业拥有越来越多的数据时，数据的价值就体现出来，成为企业发展的动力、企业生存的保障，进而成为企业的基石。因此，对于企业来说，"**一切数据业务化**"是企业进入数字化时代的特征。

下面我们以钢铁贸易为例来讨论从传统的贸易方式到电商贸易方式的演变。

1. 传统钢铁贸易流程

传统钢铁贸易的流程如图3-1所示。从图中可以看出，这个流程具有如下特点：

- 存在多层中间商，环节复杂，效率低下。
- 批发商、各中间商、加工、客户之间存在严重的信息不对称，各方掌握的信息仅仅在自己手上，互相之间没有信息流通，即使有，也会延迟很久，所以不可能进行顺畅的合作，是一个典型的各自为政的分散决策情形。
- 融资来源有限。一方资金不足需要融资，传统上就要向银行申请，供应链中上下游之间难以融资。

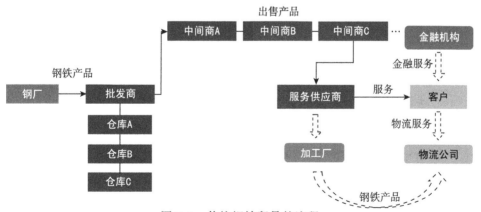

图 3-1 传统钢铁贸易的流程

相应地，传统钢铁贸易的销售模式，如图3-2所示。整个模式的流程包括8个步骤，走完所有的流程，多则一周，少则也得十几个小时。因此，任何一家公司（见图3-1中的批发商、各类中间商、服务商）的业务难以做大，抗风险能力弱，所以在2010年前后的大潮中大量相关企业倒闭了。

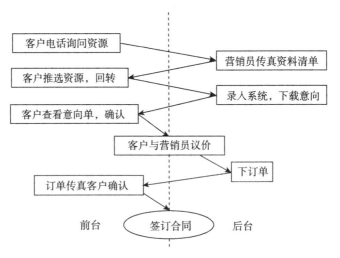

图 3-2　传统钢铁贸易的销售模式

2. 钢铁电商平台贸易流程

在2010年前后，出现了很多钢铁贸易的电商平台，著名的有找钢网、钢银、欧冶云商，这三家在2017年的总收入达到380亿元，占市场总收入的66.8%。

某钢铁电商平台的贸易流程如图3-3所示。它具有如下特点：

- 去除中间商以提升交易效率及价格透明度；
- 将物流、仓储及加工服务供应商与客户无缝连接；
- 向中小企业提供定制的供应链金融产品。

图 3-3　钢铁电商平台的贸易流程

以撮合业务为例，平台发挥经纪人的角色，为供应商、次终端用户和终端用户之间提供居间服务，促成交易（见图 3-4）。这里的流程比图 3-2 中的简单很多，而且很多可以在网上自动执行。

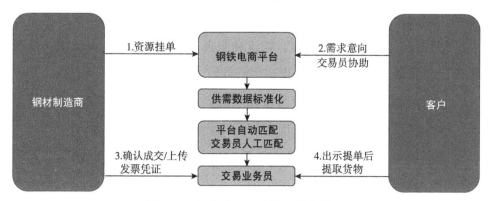

图 3-4　电商平台上的撮合销售模式

电商平台上还有很多其他的业务模式，如自营模式、联营模式、寄售模式等。

比较上面的传统模式、电商模式可知，在电商模式下，所有的数据，包括交易数据、产品（钢材）流动的数据，甚至各交易方的相关数据（信息），都记录在平台上，"事""物""人"，都在平台上。

在这样的一个数字化时代，采购会面临怎样的问题与挑战？

数字化时代，采购协同决策模式

我们着重以制造业为例来阐述数字化时代的采购协同决策模式。

采购方－供应商要互联互通、数据共享

未来是智能制造的时代，越来越多的供应链上的企业（尤其是链主企

业）通过虚拟网络－实体物理系统，整合智能机器、数据储存与显示、决策系统和生产设施。通过物联网、大数据、云计算、人工智能等信息技术与制造技术融合，构成智慧供应链平台，实现软硬件制造资源和能力的全系统、全生命周期、全方位的透彻感知、互联、决策、控制、执行和服务化，使得从采购、生产、销售、物流和服务方面，实现人、机、物、信息的集成、共享、协同与优化，形成生态圈。

在智能制造时代，相较于传统供应链，智慧供应链具有更多的市场要素、技术要素和服务要素，呈现出如下五个显著的特点。

一是侧重全局性，注重供应链系统的优化与全供应链的绩效，强调"牵一发而动全身"；

二是强调与客户及供应商的信息分享和协同，真正实现通过需求感知形成需求计划，聚焦于纵向流程端到端整合，并在此基础上形成智慧供应链；

三是更加看重提升客户服务满意度的精准性和有效性，促进产品与服务的迭代升级；

四是更加强调以制造企业为切入点的平台功能，涉及产品生命周期、市场、供应商、工厂建筑、流程、信息等各方面的要素；

五是重视基于全价值链的精益制造，从精益生产开始，到拉动精益物流、精益采购、精益配送。

总之，智慧供应链上不再是某个企业的某个人或者某个部门在思考，而是整条供应链都在思考。

下面以汽车行业为例来阐述，当然我们的主要观点对其他制造行业也是成立的。

汽车行业供应链是围绕主机厂（汽车品牌企业），通过信息流、物流、资金流的控制，从新品研发（主机厂和独立品牌零部件厂商都有专业研发团队）开始，经过采购原材料（可能涉及一级供应商，甚至供应商的供应商），制成中间产品（汽车零部件）、最终产品（整车），最后由销售网络

（4S店或者其他销售渠道）把产品通过专业第三方物流公司，送到消费者手中（大部分是到店里面提车），将供应商、制造商、分销商、零售商、服务商直到最终用户连成一个整体的功能网链结构。

这里面既涉及产品研发、供应商管理、需求管理、计划与制造、原材料与零部件物流管理、生产制造物流管理、整车网络配送……又有连锁经营、消费者管理、售后维修（还涉及备品备件的生产供应与管理）与保养（后市场）等一系列的内容，如图3-5所示。

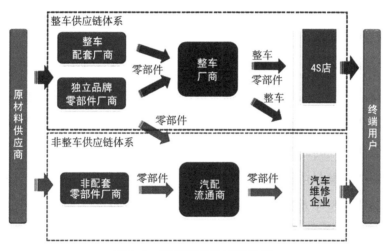

图3-5　汽车行业供应链体系

从广义上讲，合理化的汽车行业智慧供应链，是一个大的生态圈，必须要有强势的供应链链主（通常是主机厂或者汽车品牌商）来牵头、管理和运营。

汽车行业的供应链管理与分销企业、第三方物流企业具有完全不一样的逻辑，前者具有明确的市场定位、产品研发、预测、生产计划、物流计划、采购计划、成品发运计划、4S店、客户订单管理、库存与物流信息控制等功能环节，如果可以的话，我们通俗地称其为"全供应链"，而后者更多的是其中的某一个环节或功能。

从供应链智慧化方面而言，企业需要将供应链中各个环节、不同利益主体都互联互通起来，并且为了共同的供应链策略而努力保证采购、生产和交付，以获得好的客户满意度。企业既需要协同管理，更需要不同环节有相应的自组织、自管理、自适应的管理和反馈能力，可谓分中有合、合中有分。但不管是合还是分，都需要实时协同与联动，只不过，传统供应链主要是靠人来协调，形式主要是电话、开会、软件辅助等，而智慧供应链主要是具有自我反馈能力的系统和平台，可以达到"使能"的状态。相对于传统供应链，在智能制造时代，汽车行业的智慧供应链具有更多的市场要素、技术要素和服务要素。具体而言有以下特点。

1. 系统性要求高

由于涉及面极广，汽车行业的智慧供应链基本上形成了生态圈，其管理和运营不再是"头痛医头，脚痛医脚"式的救火模式，而是更多强调系统优化与全供应链的绩效；不再是局部优化的部门绩效，而是强调"牵一发而动全身"式的完全协同性。

有效的智慧供应链，首先是系统化规划和构建出来的，对于供应链的规划，必须立足于对未来发展的前瞻性和有效运作的系统性上。其次是运营出来的，规划是为了有效运营，即使是智慧供应链，仍需要专业的供应链运营团队来决策和监控。最后才是运作绩效的数字化，即运作绩效，无论是员工还是部门甚至公司的绩效，都可以由系统中的数据，运用统计方法计算出来；这是智慧供应链有效性的直观表现，也是人们用来衡量"好坏"的特征数据。

2. 反应能力要求快

供应链的反应能力不仅仅包含采购生产交付过程的计划、组织、实施和监控的能力，更包括对于消费者需求的快速满足。随着"互联网+"、新能源汽车、无人驾驶汽车、共享汽车等的推陈出新，未来的汽车更加具有时代感和存在感，汽车供应链需要更多地关注消费者的需求，汽车主机厂不再躲在代理商（4S店）后面或者企业销售部门后面被动"提供"产品，而是主动分析、主动服务。它们将会更多地邀请客户进行体验式的开发、测试客户要求，进行符合消费者个性化的汽车产品诉求和服务模式整合，以保证该产品或服务对于客户的"黏性"，从而反过来促进产品或服务的迭代升级。供应链也就能进行自我反馈、自我补偿，从而智能化迭代升级。

3. 追溯性要求严

与别的产品不同，汽车是安全性要求极高的产品，对于消费者使用过程中，汽车（含零部件）的质量、维护和保养、零部件更换等，都必须做到"来源可追溯，去向可查证"，必要时要主动召回。这就需要整个汽车供应链全过程都可以做到可追溯，需要细化到每一个批次、每一个托盘、每一个零部件、每一个环节，而这些详细的数据靠人员管理是不可想象的，必须要全过程数据化、自动化录入，并且是实时的、成体系的。

4. 逻辑性要求强

无论是从消费者需求到生产、采购，还是从产品研发到营销、销售、消费者手上，都需要体现价值主张，这种价值主张必然也必须伴随每一个供应链环节，这些环节既需要体现端到端的纵向要求，更需要体现不同利益群体、不同订单对于资源的需求的横向要求，而制造过程是将这些价值主张实现、集成的关键环节。传统的汽车制造是交付型生产，以生产为中心，所以强调"只有生产是增值的"，但是智慧供应链是服务型生产，是以消费者需求作为中心的，此时更多地强调"客户满意度"，那么智慧型供应链不再是（为订单而）响应性的，而是（为消费者而）引领性的，个性化制造将成为普遍需求，对于消费者敏感度的要求也就更高。

5. 基于平台的协同更加紧密、更加有效

汽车智慧供应链从早期开始就要求供应商、物流商、主机厂、销售平台之间建立电子数据交换平台（EDI），形成数据同频率交换和共享。很多主机厂要求尽可能没有人为的对接，比如电话、传真等不可追溯、查询的方式介入供应链运作中，必须保证协同的实时性和有效性，更加强调有效增值。同时对于不同的订单，汽车智慧供应链可以形成先期预约和模拟运行（仿真），一旦发现瓶颈，可以做到早期预警，提高供应链体系的应急能力，避免风险。

总之，在汽车企业的智慧供应链上，不再是企业的某人或者某个部门在思考，而是整条供应链在思考；不再是不同环节之间无休止地沟通和协调，而是整条供应链顺畅、均衡、平稳、自主地运作。

那么，采购方与供应方之间的互联互通，到底是指什么？

智慧供应链平台需要将产品、客户、供应商、技术、服务、订单、物料、工厂、产能、库存、仓库、门店、计划等都整合到一起，服从和服务于企业供应链大数据的逻辑要求，从而保证供应链在运营过程中能够适时抓取标准-计划-执行之间的数据差异，然后进行自我反馈、自我补偿、自我优化和自我调整，形成智慧的行动。

由于供应链过程的复杂性，影响因素过多，传统供应链强调应急解决方案，智慧供应链则更加强调具有过程瓶颈的早期识别和预警，从而进行自我调整与预防，避免紧急情况的出现。智能化的供应链将采取仿真模式，针对任何一个特定的订单，率先在供应链平台系统中"跑"一遍，从虚拟订单流程开始全过程过一遍，在过程中快速发现瓶颈，提出预警，进而在生产之间解决瓶颈问题，保证供应链过程稳定、可靠，从而提供生产智能化的基础和可得性。

智慧供应链需要将所有的有效数据显示出来，并且必须是同一时间、同一频率、同一事件、同一逻辑，可追溯地显示出来，同时不仅仅是给管理者（人）监控，更多的是形成自我分析、自我反馈、自我调整、自我优化的过程。此时，管理者更多的是"看"，而不是干涉，由此企业大数据管理也就水到渠成了。

标杆性企业如福特、丰田、宝马，在选择供应商的时候就要求供应商能够与主机厂实现软件系统互联互通，运营时更是要求实时干预、预警和协同，比如主机厂的计划和预测需要直接传递给供应商的主生产计划系统，供应商的发运计划必须与主机厂的作业计划系统对接，先期发运通知（ASN）需要由软件系统完成，而没有人工的参与；要求全过程必须条码化（或者RFID），交接货物时的标签和信息都有严格与统一的规定。

数字化采购及供应链要求

在传统的企业运营中，企业各个部门并不是在高度认同的供应链战略和价值导向下运作的，同时，鉴于采购业务是整个供应链体系中最晚得到供应信息，却是最早需要提供物料，以保障和支持安定生产的，再加上运营过程中存在的各类差异和风险，容易导致无效供应，从而在事实上难以保证生产的正常运作。由于没有实现数字化，所以各类变数无法在同一时间传递给所有环节，导致供应链敏感度下降，最终各个环节只能依靠经验（即所谓"拍脑袋"）来做安全库存，以应对变数。随着管理变数的层级增加和时间延长，累积误差自然随之加大，到最终形成了"库存冰山"，反而掩盖了所有的问题。正如工业动态学定律所说："一系列受库存控制的货仓，产生对产品的需求，而需求的变化随着供应链环节的增加而增加。"在这种情况下，各个环节的KPI指标无法在同一个逻辑上兑现和协同，于是容易产生扯皮与部门保护主义，供应链一体化也就自然无法实现，如图3-6所示。

在数字化采购环境下，要求所有的流程必须打通，其运作战略是基于高度认同的一个供应链战略协同下开展的，各个部门和环节的KPI指标也是基于供应链战略绩效的协同和分解而来的，于是所有的参数和指标都在同一个逻辑下展开，形成数字化的作业单元，再加上有了集中的供应链运作部门，将所有环节的计划 – 执行 – 信息 – 物流等串联起来，形成端到

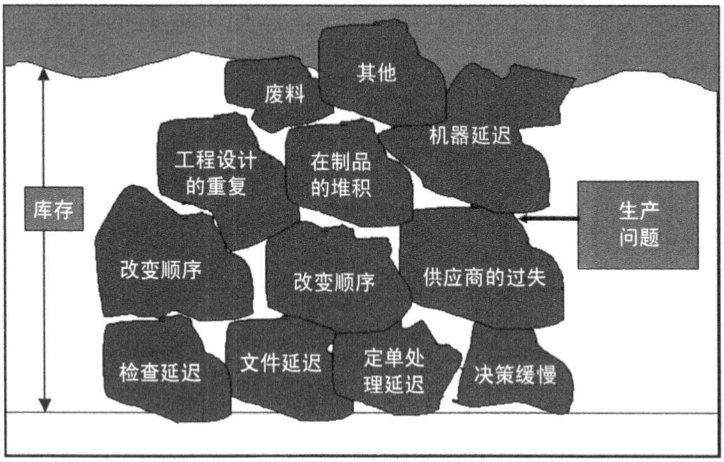

图 3-6 库存管理冰山图

端的纵向管理体系。同时，由于每个订单、每个物料（产品）都有自己的资源要求，容易形成资源再分配计划，所以，供应链运作部门还需要将不同运作逻辑的物料和订单横向协同起来，最终形成互联互通的供应链体系。

从运作逻辑而言，就是通过信息平台，承载所有的模块联动，以供应链交付计划为驱动力，联动成品物流计划，形成主生产计划，细化为作业计划，从而拉动供应物流计划、物流配套计划以及产线工位配送计划。在不同的环节和模块协同过程中，总是会出现各类执行误差和数据差异，那么智能化系统需要自我反馈，逐渐主动减少运作误差，从而形成计划 – 信息 – 执行的一致性，如图 3-7 所示。

从表现形式上而言，形成了计划 – 采购 – 物流 – 信息一体化。其任务的本质不再是保证供应，而是有效供应。

比如，假设某产品有 A、B、C、D、E、F 六个零部件，其采购到货周期分别为 A5 天、B10 天、C15 天、D20 天、E25 天、F30 天，生产计划本月 1 日提示，本月 30 日需要生产某个产品，传统的采购"保证供应"，直接在 1 日就下了订单，供应商也非常配合，能够在约定的交付周期内到货，于是效果如图 3-8 所示。

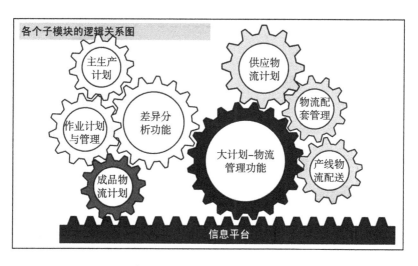

图 3-7 计划工作模式与供应链物流逻辑优化

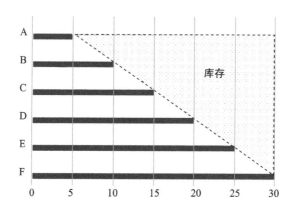

图 3-8 传统采购保证供应带来的库存压力

图 3-8 中的阴影区域就是库存，而这个部分通常就转向下游的仓库。此时，采购完全达成了其业务的 KPI 指标，保证生产是没有问题的，但是库存压力居高不下，管理成本随之上升，而且没有人愿意或者可以承担这个责任，再加上盘点和信息管理的时间 – 数量差异，形成了累积误差，于是成了企业的心病。

在数字化采购中，采购部门通常采用计划倒排模式，形成精益化采购，以保证采购 – 到货的有效性，如图 3-9 所示。

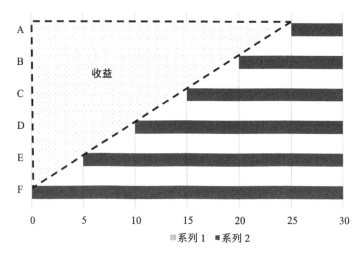

图 3-9　数字化采购保证有效性

图 3-9 中所示为主生产计划在 1 日发出提示，而在 30 日正式生产，根据各自不同的交付周期进行倒排，强调实物齐套，以有效保证生产的安定化。图中阴影部分为相对于传统采购带来的收益。此时要求采购不是任性地以自己的采购业务 KPI 指标为唯一依据，而是需要结合作业计划、到货计划、实物齐套情况以及可能发生的过程差异进行实时监控和响应，形成计划 – 信息 – 采购 – 物流 – 生产的一体化。

采购如何实现业务

在实际采购业务中，先期的主生产计划发布之后，企业计划平台根据各个环节的运营参数进行细分，排布细化的作业计划，然后执行，在执行过程中追踪差异和变数，如图 3-10 所示。

图 3-10 中所示的为某物料执行数字化采购以支持精益生产的作业计划倒排表，从上往下看为计划的倒排逻辑，从下往上看为实际采购物流运作过程。

在通常的运作中，各个环节通过扫描条码或者 RFID 感应进行过程数据的收集，以印证计划达成率，如果该过程中出现运营规则和计划要求的

序号	作业名称	作业开始时间	作业结束时间	所需时间（分钟）	完成日期	备注
1	第三批物料生产	16:00	18:00	120	2018/1/24	相应时间配送
2	第二批物料生产	14:00	16:00	120	2018/1/24	相应时间配送
3	第一批物料生产	11:00	14:00	120	2018/1/24	扣除午餐时间12：00~13：00
4	换模时间	10:00	11:00	60	2018/1/24	耗用60分钟时间
5	放置到工位	9:55	10:00	5	2018/1/24	换回V73产品生产后的空箱
6	配送在途	9:50	9:55	5	2018/1/24	
7	装车组车	9:45	9:50	5	2018/1/24	
8	拣选出货	9:05	9:45	40	2018/1/24	含计量时间
9	SPS 暂存	8:50	9:05	15	2018/1/24	
10	仓库分拣	16:30	17:30	60	2018/1/23	含拣货、计量、搬运物料时间
11	指令打印	16:20	16:30	10	2018/1/23	
12	计划分拆	15:20	16:20	60	2018/1/23	
13	生产作业计划	5：20之前			2018/1/23	
14	仓库存储			2天	2018/1/21	存储时间，通常为1~3天
15	拆箱分装	15:30		120	2018/1/21	
16	入库办理	15:00		30	2018/1/21	
17	检验待判			7天		检验待判暂存时间14~21日
18	预装到位	16:30	17:30	60	2018/1/14	
19	卸货搬运	16:00	16:30	30	2018/1/14	
20	供应商到车停车	15:45	16:00	15	2018/1/14	
21	供应商运输在途	13:45	15:45	60	2018/1/14	
22	供应商搬运装车	13:15	13:45	30	2018/1/14	
23	供应商出库处理	11:30	12:00	30	2018/1/14	扣除午餐、午休时间
24	供应商拣货装卸	9:30	11:30	120	2018/1/14	含包装、计量时间
25	供应商打印指令	9:00	9:30	30	2018/1/14	
26	供应商存储			2天	2018/1/12	
27	供应商生产			1天	2018/1/11	

图 3-10　数字化采购作业计划倒排表

标准之外的偏差与变数，系统将自动抓取该数据，进行实时分析和应急。

但是，上述逻辑通常不出现在界面中，实际的运作界面在大多数情况下是一个指令，如图 3-11 所示。

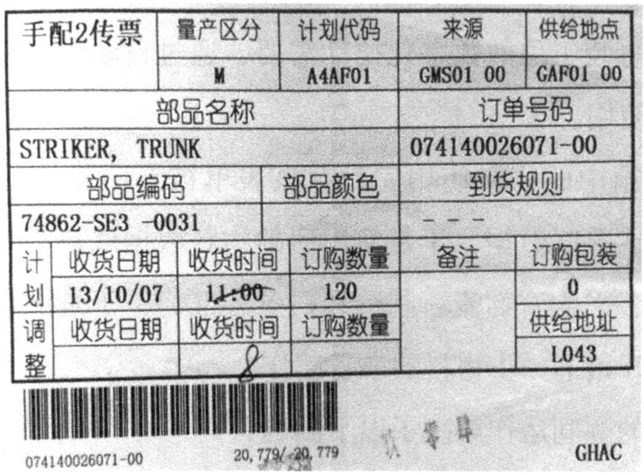
手配2传票 | 量产区分 M | 计划代码 A4AF01 | 来源 GMS01 00 | 供给地点 GAF01 00
部品名称 STRIKER, TRUNK | 订单号码 074140026071-00
部品编码 74862-SE3 -0031 | 部品颜色 | 到货规则 - - -
计划 收货日期 13/10/07 | 收货时间 11:00 | 订购数量 120 | 备注 | 订购包装 0
调整 收货日期 | 收货时间 | 订购数量 | 供给地址 L043
074140026071-00　20,779/ 20,779　GHAC

图 3-11　简化后的数字化采购界面

图 3-11 所示为汽车行业某种采购 - 供应商协同运作表单，运营流程如下。

（1）采购方供应商管理平台系统（SRM）根据已有的供应商管理数据，自动寻源，锁定供应商，同时根据先期对供应商的 ABC 分类评估，自动分配订单和交付计划给供应商。

（2）供应商每天早上通过授权登录 ASN（先期交运通知单）界面，打印表单，该计划是由采购方和供应商之间的系统连接的，没有人为的干扰，而且所有采购方提供给同一家客户的表单都是标准的、符合行业或者国际要求的。供应商按照表单要求的时间和数量进行生产，等待物流公司提货，此时含有条码的单据卡在标准周转箱上，直到配送到工位使用之后。

（3）参与循环取货（milk-run）的第三方物流公司也会在相应的时间内打印类似的表单信息，其中的量产区分、计划代码具有相同的逻辑，会在指定的时间内到达供应商发货区域。

（4）第三方物流公司收货之后会根据表单中的指令（来源、供货地点分别是指运输车辆的车牌代码和卸货车位代码）进行运输与到货。

（5）采购方卸货人员根据卸货作业时间要求实时卸货。

（6）卸货后物料进入排序区域，这些区域也有各自的货位代码。

（7）根据总装工位的数字化拉动需要，通过自动化、智能化等配送方式配送到工位使用。

（8）周转箱中的物料使用完后，该表单被专门收集起来，通过条码阅读器读取上述关联数据，于是使用后的物料数据就被实时传输给了供应商，以及计划、采购、物流、制造和财务各部门，于是供应商就可以开发票，同时可以开始下一步物料的准备工作。

上述工作的顺利运作解决了以下问题：

- 智能化选择供应商的问题；

- 信息流端到端的一致性问题；
- 全价值链打通的数字化；
- 物料来源可追溯、去向可查证；
- 流程导向的纵向连接；
- 单据流的一贯性；
- 单个环节管理的时序性和唯一性；
- 保证不同环节运作的横向逻辑关系；
- 各个环节 KPI 实时化、自动化抓取，以保证考核的客观性。

很显然，一个快速的、可靠的、整合的、实际的和标准化的信息流通是必要的，以缩短有形的与管理流程上的提前期。

在未来的供应链中，供应商必须根据客户要求和相关的工业标准，具备发送和接收电子通信的能力。传统的电子数据交换（EDI）或基于网络的 EDI 是可以接受的电子通信方式，而 E-mail 和传真是不可接受的电子通信方式（因为需要保证存档一致性和客观性方面的问题）。

在实际的供应链运作中，企业通常需要对供应商进行交付能力的评审，规定："所有供应商、分承包方和后勤提供者，必须实施电子通信，包括发送和接收的能力。根据客户的要求，对目前没有能力发送和接受电子格式的供应商、分承包方和后勤提供者，规定一个时间限制，约定建立电子沟通的能力。"

"将装运通知信息整合进接收系统内，且没有人为的介入。传输的频率和计划时段要适合已生产的商品，且满足采购零件和物料的提前期要求。"

于是，采供关系不再采用传统的"拍脑袋"模式、单个决策模式，而是采用系统化决策模式，如图 3-12 所示。

信息平台必然遵从业务逻辑，在通常情况下，我们看到的仅仅是运作界面。但是，在未来采购业务演变中，数据逻辑将逐渐起引领作用。

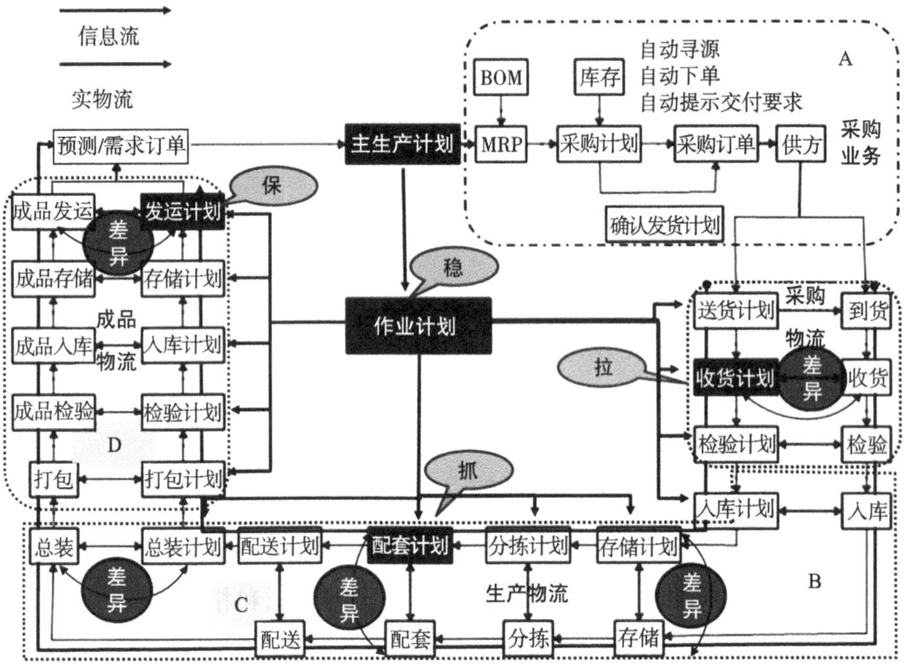

图 3-12 采购需求 – 计划 – 运作的逻辑关系图

如图 3-12 所示，我们假设将企业供应链运作划分为 A、B、C、D 四个模块，其中：

- A 为采购业务，主要包含供应商的采购 – 生产 – 交付等过程，解决自动寻源，根据供应商基础数据实现自动下单，自动提示供应商交付要求；

- B 为采购物流，主要包含装车 – 运输 – 收货 – 检验 – 入库等过程，解决规划和计划供应商的交付过程要求，并实行监督，以实现数字化采购的可视化；

- C 为生产物流，主要包含分拣 – 配送 – 齐套 – 生产 – 打包等过程，解决数字化生产的流动性要求问题，以精准响应智能制造的时间和数量要求，其间需要着重解决工位配送物流的问题；

- D 为成品物流，主要包含入库 – 存储 – 检验 – 分拣 – 装车 – 运输 –

交付等过程，实现对市场要求的快速响应。

对于采购方而言，制造环节 C 最担心停工待料导致的无法交付，而据通过对超过 1000 家以上企业的调研显示，40%～60% 的制造停产都主要是采购业务 A 和采购物流 B 的原因，于是制造业有一个切肤之痛："精益生产必须以精益物流作为前提"，否则，容易导致"巧妇难为无米之炊"。所以，装配型企业，尤其是汽车、家电、电子行业，一般都将 A、B、C 环节的数字化作为供应链智能交付体系的先决要素。

对于供应商而言，上述全价值链必须实现从订单到交付（OTD），以让采购方实现实时监控和运作管理，从而保证采购方的安定生产与智能制造。此时，相对于采购方，环节 D 将更加成为供应双方关注的焦点，但是，必须要保证全价值链的有效性，才能够保证交付承诺的兑现。

对于智能供应链而言，无论是采购方还是供应商，都是为了有效交付。于是，从计划到执行，我们需要强调几个关键词——"保、稳、抓、拉"。

（1）保——保证发运计划，实现有效交付，提高客户满意度。

- 按照订单交付周期倒排计划。
- 按照订单交付时间预约装车/装柜。
- 有效装车/装柜，以有效响应客户方的先期交运通知单（ASN）。

（2）稳——稳定生产计划，实现安定生产和智能制造。

- 资源匹配实时监控和检讨。
- 作业执行率保证，强调均衡生产，减少各类偏差带来的库存增加和断点浪费。
- 推动安定生产、精益生产和精益物流协同。
- 以总装作为作业依据，提高计划达成率和直通率。

（3）抓——狠抓配套计划，实现信息配套和实物配套的完美协同，从而保证生产的可行性。

- 外购件配套计划：不再只是保证供应，而是进行有效供应，以作业计划需求的齐套数量作为采购 – 到货 – 收货的依据，并且必须具备实施盘点、提供结果且可视化的能力。
- 自制件配套计划：通常对于自制件，由于管理者对于效率、成本、人员、换模等的考虑，喜欢一次性大规模生产。但是，由此产生了失控的库存，形成无效制造，带来各种变数和经营压力。在数字化采购中，要把自制件当作外部供应商，实施严格的协同配套要求，避免由此带来的采购冲击。
- 信息配套协同实物配套：实时盘点，实时全过程监控，实时预警、响应。

（4）拉——拉动供应商到货计划。

- 供应商预约生产：基于采购方的要货计划（ASN）倒排生产，按需生产，不再是自我任性的大批量生产。
- 第三方物流预约到货：基于采购方的要货计划和既定的运输路线，按照顺序收货，实现循环管理，不再是多拉快跑的模式，全过程都有信息监控。
- 实时检验与入库：有必要推动"检验放行及时率"，以保证采购物流的及时性和有效性，降低检验库存；实际上，如果检验计划和到货物流计划没有协同好，那么检验将成为采购物流中的最大瓶颈。
- 计划、物流与实物联动模式设计。

在上述运作体系中，各个环节的管理要素如图3-13所示。

就价值链的运作流程而言，基本流程如图3-14所示。

信息平台如图3-15所示。

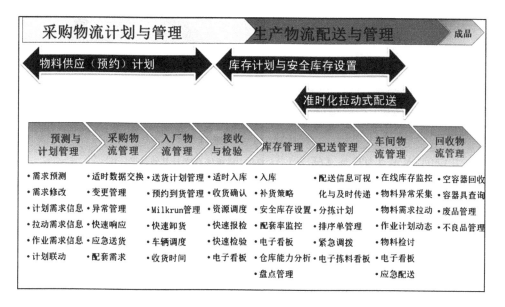

图 3-13 数字化采购过程中的管理要素

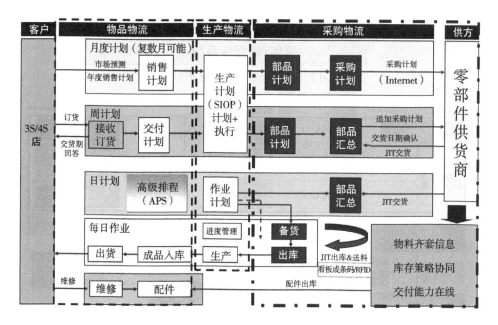

图 3-14 数字化采购模式基础流程

如果企业需要实现智能供应链,那么未来的供应链信息平台可以如图 3-16 所示。

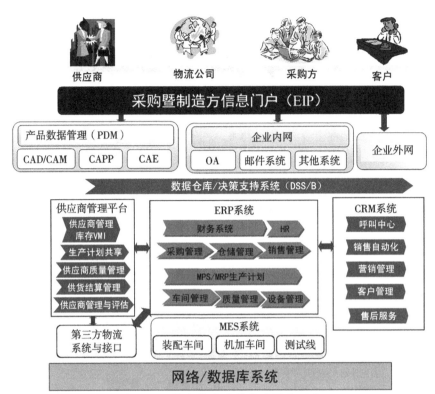

图 3-15 数字化采购的基础平台要求

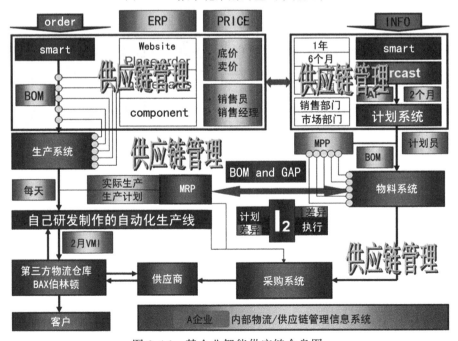

图 3-16 某企业智能供应链全息图

当企业实现了价值链打通、精益采购、精益物流、精益生产之后，整个供应链计划-执行将完全与信息平台融合，实现信息物理系统（CPS）。未来的差异可视化不再是给"人"看的（从而去开会解决问题），而是给整个供应链系统"看"的，使这个系统实现反馈，形成自反馈、自组织、自管理等智能化的表现，从而实现智能制造，而代表采购信息的各个物料单元都将"会说话"，与供应链上的所有元素进行对话和交流，实现人、机、料、法、环、数的互联互通和工业大数据共享，进而实现数字化、网络化和智能化，如图3-17所示。

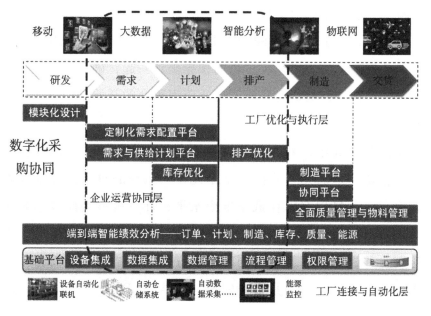

图3-17　未来制造的发展方向：需要顶层设计，同步建立系统框架

数字化时代，制造业向零售业学什么

零售业面向消费者，走在了数字化转型的前列，制造业需要向零售业学习，因为二者都是面对人，供应链管理的最终目的都是满足消费者。

数字连接与可视化

1. 数字连接

数字化时代的特征之一是连接，当然是数据与数据之间的连接。连接能够带来的好处是难以想象的。

最经典的例子是宝洁公司与沃尔玛之间的连接，它们的连接使得"供应链"这个词广为人知。宝洁公司是全球最大的日用品制造企业，而沃尔玛是全球最大的零售企业。二者之间曾经历过长期的"冷战"：双方都企图控制另一方，同时它们也很少分享各自的信息。

1987年，为了寻求更好的手段以保证沃尔玛分店里"帮宝适"婴儿纸尿裤的销售，宝洁公司和沃尔玛的领导坐到一起，确定了"宝洁-沃尔玛"模式。这最终被认为是协同商业流程革命的开始，即供应链管理的开始。

在这个模式中，双方数据对接，早期通过电子数据交换（EDI）、卫星通信等，之后是互联网；基于此，沃尔玛的每个店铺都设置安全库存水平，一旦现有库存低于这个水平，计算机自动向宝洁公司的纸尿裤工厂订货。宝洁公司的工厂在接到订货后，将订购商品配送到相应店铺，并进行在库管理。同时，双方的财务结算也不需要采用传统的支票等形式进行，而是自动完成。宝洁公司能即时知晓沃尔玛物流中心的纸尿裤库存、在沃尔玛店铺的销售量、库存量、价格等数据。这样，宝洁公司能及时制订出符合市场需求的生产和研发计划，对沃尔玛的库存进行单品管理，做到连续补货，防止出现滞销商品库存过多而畅销商品断货的现象。同时，沃尔玛可专心于经营销售活动，及时决策商品的货架和进货数量，并由制造商管理库存系统实行自动进货。

沃尔玛将物流中心或者仓库的管理权交给宝洁公司代为实施，这样不仅沃尔玛不用从事具体的物流活动，而且由于双方之间不用就每笔交易的条件（如配送、价格问题）等进行谈判，大大缩短了商品从订货、进货、保管、分拣到补货销售的整个业务流程的时间。

尽管还有相当多的供应链合作伙伴之间的系统没有连接，但在数据时代出现了更多的连接与连接方式，能够及时利用这些连接与连接方式的公司就会领先。

2. 数字可视化

公司的方方面面都数字化以后，就拥有了大量的数据，那么该如何利用这些数据呢？为此，公司需要将拥有的数字可视化，以帮助决策。

一些跨国大型物流公司如 C. H. Robinson、Kuebne+Nagel，借用机场控制塔的概念，推出了**物流控制塔**（logistics control tower）。随后，一些供应链管理研究和咨询机构，如高德纳、凯捷咨询、核心研究（Nucleus Research）、埃森哲、阿伯丁（Aberdeen），基于此提出了**供应链控制塔**的概念，并把它作为供应链数字化转型的重要举措。无论是物流控制塔，还是供应链控制塔，都是数字控制塔（digital control tower）。

数字化控制塔提供即时（不是及时）的、端到端的全球供应链可视化。一个典型的数字化控制塔是一个功能强大的房间，这个房间里有数据分析员全天候地监控屏幕。监控屏幕上提供的即时订单信息和 3D 地图信息、每一个节点的缺货可能性和瓶颈信息都有可视化的预警。一线人员可以被及时地通知，因此在问题发生之前就得以避免。即时、准确、以数据驱动的分析预测，使得数字化控制塔成为这些企业供应链管理的核心。阿里巴巴、京东、1 号店都有这样的数字控制塔。

工业企业也开始应用数字化控制塔，一家钢制品公司在其控制塔里建立了定制化的情景模拟计划系统，该系统可以模拟主要的、突发的生产设备停机状况，可以提高整个供应链的反应能力和弹性。

宝洁公司拥有世界上最好的供应链之一，也建立了供应链控制塔。宝洁公司销售额增长了 1%~2%，利润率提高了 2%~5%，资产利用率提高了 5%～10%。

新一代的数字控制塔将是具有人工智能的数字化供应链控制塔，能够自主反应、深度学习、协同共享信息、自校正供应链、认知分析，通过交互式学习的方式，让分析能力逐步增强、逐步提高认知。它能分析大数据并从大数据中提取供应链的商业价值，以便做出最好的解决方案和决策。

拼多多的新零售：货找人与人找货

什么是"人找货"？我知道我需要什么，就上天猫直接搜索我需要的东西，找到了就下单。男性消费者通常是这样购物的。天猫、京东的顾客大多是这样的人。

但很多人不知道自己需要什么，也就是说，人找不到货，比如淘宝上的很多女性顾客买衣服时就如此，那该怎么办呢？蘑菇街就是用来帮助她们找货的。所以，这在本质上是帮助人找货。

那么，商家在销售中是否有主动权呢？有。阿里巴巴提出来的 C2B 就是帮助商家掌握主动权的。C2B 就是商家与消费者互动，通过互动了解消费者的需求，诱导消费者下单、缴费，然后组织生产，将产品交付给消费者。所以，商家在这个过程中掌握了主动权。但一般来说，要想掌握整个主动权，商家或者很强势，如海尔、小米，或者具备很强的能力，非一般商家可为。比如，商家需要根据消费者的需求对产品进行改进甚至发明新的产品出来。

那么，一般的商家，比如没有 C2B 所需要的创新能力，又该怎么办呢？或者是否有谁能够帮助一般的商家找到消费者？我们称之为"货找人"，与上面的"人找货"相反。

拼多多是新近崛起的一个成功巨头，从 2015 年创立到 2018 年在美国上市，市值达到 200 多亿美元，仅仅用了 3 年的时间。它的成功有诸多因素，例如从市场环境来看，有如下几个方面。

（1）淘宝商家外溢。2016年，淘宝因为一些原因关了24万商家。同时期京东在2015年抛弃了拍拍，也流失了很多商家。这些商家后来大多去了拼多多。

（2）聚划算划归天猫。在计算机时代，2009～2011年曾经发生过千团大战，有数千家企业做团购，但千团大战之后只留下了三家公司：第一家是美团，现在以外卖为主要业务；第二家是聚划算，2016年阿里巴巴将其划归天猫管理；第三家是窝窝团，曾经上市，后来又退市了。但团购的模式是被市场验证了的，只是突然之间整个市场中没有公司再用这个模式，结果拼多多选择了这种模式。

（3）三线至六线城市的消费者。随着以小米的红米手机为代表的低价智能手机的推广，快速地让三线至六线城市的消费者能够上网，使得农村乡镇以至村民都能上互联网。

（4）微信。2017年12月，微信用户达到了10亿，这意味着所有人基本上都是网民。同时，微信支付也开通了，不再有支付的问题；随着十几年的电商的发展，快递业快速发展，使得到镇的物流发展迅速，能够满足几乎所有村的购买需求。

但更本质的事是，绝大多数消费者还是低端的。如果排除北上广深，我国2017年的人均月可支配收入只有2000元左右。在这2000元中，部分租房一族还要缴房租。所以，他们用于生活消费的钱就没有多少了。因此，对低价商品的需求依然是一个绝对的多数。

但归根到底，拼多多与众多企业的不同之处是其"货找人"的模式。上面我们已经说过，在京东、天猫上，是人找货。甚至如美团，打完千团大战之后的核心业务是外卖，为很多的小商家赋能。赋能的核心是这些商家被动接受美团的流量，商家自己的主动性是有限的。所以，美团也是人找货模式。

拼多多的货找人模式是这样的，比如我卖水果，有一天有一批桃子要卖，就直接上拼多多发一个商品，拼多多送我一个商铺，我就这批桃子发布拼单，而具体的执行，如定价、支付、物流以及日常维护由拼多多负责。在拼多多上开店叫发一个商品，然后它会送你一个店铺，这只需要三分钟的时间。我的桃子可以是新鲜的，也可以是在传统渠道中卖不出去的（相当于甩尾货）。

但拼多多给了小商家一个工具：维护自己的客户群，向这些客户群销售商品，包括甩尾货。这样就调动了小商家的主观能动性，这些商家使用拼多多会比使用美团被动等着有人给他派单更积极。最常用的客户群，是微信上的各种群，而拼多多用各种方法，包括游戏的方法，吸引用户下单。

拼多多平台上的参与者主要包括三类：主动用户、被动用户、卖家。 主动用户是关注价格的拼团人群，被动用户是在微信群内与主动用户具有熟人关系的参与人群，而卖家就是大家最为诟病的提供低价爆款产品的商家。当然，卖家也往往是主动用户，但同一卖家的同一批商品可以有多个主动用户，一个主动用户也可以给多个卖家做主动用户，如图 3-18 所示。

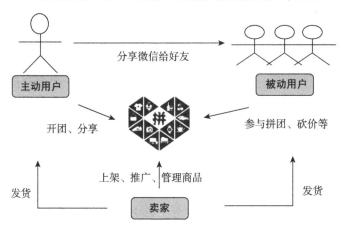

图 3-18　拼多多上的用户与卖家

拼多多独辟蹊径，充分利用了微信等聚集起来的巨大社交流量池的红利，通过主动进行客户的社交引流，创造了自带流量的网购新模式，充分挖掘了微信流量红利。加上拼多多的游戏手法，其获客成本极低。根据拼多多的招股书，拼多多过去四个季度单个客户获取成本分别为 3 元、7 元、

9元和24元。2018年第一季度由于广告投入大幅增加，获客成本翻了3倍，但也只是目前主流电子商务平台获客成本的1/10左右，所以还有巨大的发展空间。

未来——畅想与困惑

非常确定的一个趋势是，数字科技正在并必将取代很多供应链管理者的工作，而且做得比人更好。不难想象10年后甚至更短的时间内，随着流程自动化、数据驱动下的商务分析的发展，商务人工智能的普及应用，供应链管理将极大地减少对人的依赖。当计划、采购、生产运营、订单管理、物流管理等职能大范围地实现自动化、智能化后，什么工作是能留给供应链人的呢？又有什么新的工作会随着创造出来？

也许有人会说，与供应商打交道，终究还是需要人来进行的。但现在，几乎每一篇商业文章都会提到区块链（block chain）。区块链技术以及相应的智能合约技术，将开启供应链上下游合作方之间更加灵活的变革与进步。那时候，企业与供应商之间的关系，建立在流程的基础上，除了双方高层之间的交往、约定之后，就不需要人来进行日常维护。

目前市场上对于能够分析数据、构建模型，使用数字化工具和算法的供应链人有巨大且急迫的需求。从长期角度来看，技术驱动的供应链系统能够适应公司战略上的敏捷性需求，能够参与这样系统的供应链人需要与技术相关的新技能。

本章执笔人：胡奇英，复旦大学管理学院教授、博导；
　　　　　　邱伏生，中国机械工程学会供应链专委会主席。

第 4 章

从"应急救火"到"供应 FMEA"
——采购风险新对策

导 语

  风险客观存在,风险管理要有一套机制,要"防火",而不是"救火"。

  FMEA 潜在失效模式及后果分析,是一种产品质量先期策划程序,以期找出所有潜在的失效模式,分析其可能的后果,对各种风险进行评价、分析,并将这些风险减小或者直接消除,提高产品的可靠性。凡事预则立,不预则废,这是哲学因果。

  在智能制造环境下,采购如何借鉴 FMEA 识别供应瓶颈,做好"防火"工作,建立预警和应急机制,保证供应链持续高效运营?

2018年，中兴芯片事件，让全体中国人意识到，供应链风险就在眼前

此前，中国经济高速发展，GDP世界第二，不断扩大对外开放，外资源源不断进入，中国货物不断出口到世界各地。中国人暑期到国外游学，往往会买回来一堆中国制造产品（Made in China），出国购物直接刷卡，甚至直接使用人民币，这是中国人从来没有享受过的快感，人们不由自主地高呼"厉害了，我的国"。正在人们兴奋时，突然，出现了中兴芯片事件。中兴芯片事件宛若当头棒喝，大家猛然发现，原来，世界上不是花钱就能买东西，也不是花钱就能买到东西，更不是有钱就能让鬼推磨，何况你不一定像想的那样有钱，不一定像想的那样有实力，这中间潜伏着相当多的不确定性、相当多的风险。

中兴事件回放：

> 2018年4月16日，美国商务部发布对中兴通讯出口禁令，禁止美国企业向其出售零部件，并认定中兴通讯在2016年和解谈判和2017年考验期内，向其工业安全局（BIS）做出虚假陈述。
>
> 是美国突然下的禁令吗？

事件再回放一下：

> 2016年3月8日，美国商务部由于中兴通讯涉嫌违反美国对伊朗的出口管制政策，对中兴通讯实行禁运。中兴通讯通过内控整改及更换管理层，最终于2017年3月7日就美国商务部、司法部及财政部海外资产管理办公室的制裁调查达成协议，公司支

付8.9亿美元罚款。中兴通讯还被处以暂缓执行的7年出口禁运，如协议有任何方面未满足或公司再次违反了出口管制条例，则该禁令会再度激活。

在这次禁运声明中，美国商务部官员认定中兴通讯做了多次虚假陈述。据协议，中兴通讯承诺解雇4名高级雇员，并通过减少奖金或处罚等方式惩罚35名员工。但中兴通讯只解雇了4名高级雇员，未处罚或减少35名员工的奖金。

从事件的起源看，中兴通讯违反美国禁令，后面采取了一系列应对措施，还有就是由于"管理疏忽"致使一系列错误被美国发现或是被举报。2018年4月16日美方对中兴通讯发出禁令的当天，中国商务部就有表态："中方一贯要求中国企业在海外经营过程中，遵守东道国的法律政策，合法合规开展经营。"

事件发生后，中兴通讯是如何应对的？

凤凰网财经报道：

> 2018年4月26日，中兴通讯召开了新闻发布会，针对美国对其执行出口禁令相关事宜做出回应，时间仅持续10分钟。
>
> 中兴通讯董事长殷一民表示，美国商务部对中兴通讯做出的制裁，将使公司立即进入休克状态，也会影响公司8万员工、30万股东的利益，对数百个运营商客户、消费者、合作伙伴造成伤害。"我坚决反对美国商务部做出这样的决定，坚决反对不公平、不合理的处罚，更反对把贸易问题政治化。"殷一民说。
>
> 殷一民表示，反对有关国家用单边主义破坏全球产业链，公司将通过一切法律允许的手段来解决问题，同时有信心应对挑战、渡过难关，也认真反思，将会加大研发投入。
>
> 另据报道，2018年4月20日，中兴通讯董事长殷一民发布

了一封内部邮件称，在过去一年多的时间里，中兴通讯恪守"出口管制合规乃是重中之重"的原则，遵守美国出口管制法律，并认真履行2017年3月与美国政府多部门签订的相关协议义务，按期缴纳超过8亿美元的罚款。仅2017年公司就投入超过5000万美元用于出口管制合规工作，并计划在2018年投入更多资源。公司支持美方指派的独立监察官进行包括访谈、文档提交、系统测试在内的各项监管工作，累计输出文件超过13.2万页。公司从管理层到员工，全员参与，上下齐心，致力于建设业界一流、规范、可持续的合规管理体系。经过持续努力与推进，中兴通讯已组建专业的合规团队，构建和优化公司进出口管制合规管理架构、制度和流程；引入和实施SAP贸易合规管控工具（GTS），推进IT自动化管控，开展覆盖全球超过65 000名员工的通识性合规培训以及超过45 000名员工通过特定关键岗位的合规培训，在合规文化与制度建设方面取得了巨大的进步。之所以出现这次漏洞和问题，殷一民认为，出口管制是个复杂的系统，中兴通讯业务复杂、员工众多，要保证每位员工每个业务在任何时候都不会出现疏忽，还需要更加努力。在合规建设推进过程中，中兴通讯吸取过去的教训，及时纠正，绝不再犯过去部分管理干部曾经犯过的错误。

2018年4月16日，美国商务部以中兴通讯对涉及历史出口管制违规行为的某些员工未及时扣减奖金和未发出惩戒信，并在2016年11月30日和2017年7月20日提交给美国政府的两份函件中对此做了虚假陈述为由，做出了激活拒绝令的决定，对中兴通讯施加最严厉的制裁措施。

中兴事件的结局是什么？

新华社华盛顿2018年6月7日电（记者高攀）美国商务部部长罗斯7日宣布与中国中兴通讯达成新的和解协议。根据新的和解协议，中兴通讯支付10亿美元罚款，另外准备4亿美元交由第三方保管，然后美国商务部才会将中兴通讯从禁令名单中撤除。6月19日，美国参议院以85∶10的投票结果通过恢复中兴通讯销售禁令法案。

中兴事件是怎么解决的？

近两个月的博弈，中国政府多轮交涉。

这个结果来之不易，值得各方深思和珍惜。其中，当事方中兴通讯总算逃过一劫，挽回了生机。当然，从与美方签署的协议内容来看，巨额罚款、董事会和管理层调整、接受美方的随时监管，中兴通讯所付出的代价可谓相当沉重、惨痛。但是，客观来讲，这是一家跨国企业因为对法律法规的轻视而必须承受的后果，值得中国企业乃至所有跨国企业引以为戒。网上有激进的声音，也有很多理性的评论。

回过头来看，从4月美方宣布将对中兴通讯执行为期7年的出口禁令，到5月中美华盛顿磋商，再到6月中美北京磋商，中兴事件跌宕起伏，背后的博弈交涉更是艰辛复杂、惊心动魄。此次签署原则性协议，对中美双方来说都不容易。这一事件所传递的诸多信息，更是发人深省，给人启示。

首先，中兴事件只是一起个案，但中国政府出于以民为本的考虑，投入大量资源与美方严正交涉，终于换回了中兴通讯一条活路。中兴通讯作为中国最大的通信设备上市公司，其生死存亡，关乎该企业8万名职工、2万个家庭的生计，也关乎产业链上下游上千家企业、数十万名职工的前途命运，可以说关系重大。商业决策不能累及广大无辜的员工和家庭，正是基于这点，中国政府投入了大量资源，从北京到华盛顿再到北京，与美方进行了多轮严正交涉，终于把中兴通讯给救了回来。

2017年，舍弗勒环保断货事件，让采购人明白政策风险

案例回放：2017年9月14日，舍弗勒投资（中国）有限公司大中华区（以下简称"舍弗勒"）CEO张艺林致函上海市经信委等部门，称其供应商上海界龙金属拉丝有限公司（以下简称"上海界龙"）因环保问题被断电停产，使得舍弗勒面临供货缺口，理论上将造成中国汽车减产300多万辆，相当于3000亿元的产值损失。

之所以称"事件"是因为不知谁把这封"求助函"发布到网上去了，一时网上传得沸沸扬扬，在国家严厉查环保的档口，成为朋友圈争相转发的一个特大新闻。

听起来，舍弗勒似乎是一场突如其来的环保行动的受害者。实际上，这场环保行动一点也不"突然"。

据媒体报道：2017年9月20日，浦东新区环境保护和市容卫生管理局对此事回应称，上海界龙因无环评审批手续，早在2016年12月就被列为环保违法违规建设项目"淘汰关闭类"。此前，川沙新镇曾于2016年12月、2017年3月两次告知企业停止生产。但直到2017年9月4日，川沙新镇再次书面告知企业立即停止生产，企业才实施停产并自行切断了生产电源。

网传的舍弗勒CEO张艺林发给上海市经信委的《紧急求助函》如图4-1所示。

网传的《紧急求助函》显示：舍弗勒是一家德国大型汽车动力总成关键零部件生产企业，年销售额超过180亿元人民币，员工数量达12 000人，客户遍布中国所有汽车生产厂商，如上海通用、上海大众、一汽大众等。

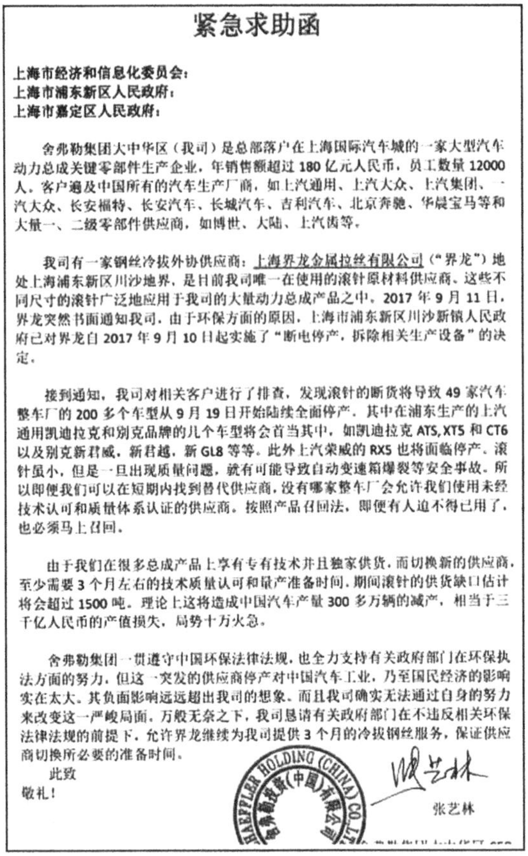

> **紧急求助函**
>
> 上海市经济和信息化委员会：
> 上海市浦东新区人民政府：
> 上海市嘉定区人民政府：
>
> 舍弗勒集团大中华区（我司）是总部落户在上海国际汽车城的一家大型汽车动力总成关键零部件生产企业，年销售额超过180亿元人民币，员工数量12000人。客户遍及中国所有的汽车生产厂商，如上汽通用、上汽大众、上汽集团、一汽大众、长安福特、长安汽车、长城汽车、吉利汽车、北京奔驰、华晨宝马等和大量一、二级零部件供应商，如博世、大陆、上汽齿等。
>
> 我司有一家钢丝冷拔外协供应商：上海界龙金属拉丝有限公司（"界龙"）地处上海浦东新区川沙地界，是目前我司唯一在使用的滚针原材料供应商。这些不同尺寸的滚针广泛地应用于我司的大量动力总成产品之中。2017年9月11日，界龙突然书面通知我司，由于环保方面的原因，上海市浦东新区川沙新镇人民政府已对界龙自2017年9月10日起实施了"断电停产，拆除相关生产设备"的决定。
>
> 接到通知，我司对相关客户进行了排查，发现滚针的断货将导致49家汽车整车厂的200多个车型从9月19日开始陆续全面停产。其中在浦东生产的上汽通用凯迪拉克和别克品牌的几个车型将首当其冲，如凯迪拉克ATS、XT5和CT6以及别克新君威、新君越、新GL8等。此外上汽荣威的RX5也将面临停产。滚针虽小，但是一旦出现质量问题，就有可能导致自动变速箱爆裂等安全事故。所以即便我司可以在短期内找到替代供应商，没有哪家整车厂会允许我们使用未经技术认可和质量体系认证的供应商。按照产品召回法，即便有人违不得已用了，也必须马上召回。
>
> 由于我们在很多总成产品上享有专有技术并且独家供货，而切换新的供应商，至少需要3个月左右的技术质量认可和量产准备时间。期间滚针的供货缺口估计将会超过1500吨。理论上这将造成中国汽车产量300多万辆的减产，相当于三千亿人民币的产值损失，局势十万火急。
>
> 舍弗勒集团一贯遵守中国环保法律法规，也全力支持有关政府部门在环保执法方面的努力，但这一突发的供应商停产对中国汽车工业，乃至国民经济的影响实在太大。其负面影响远远超出我司的想象。而且我司确实无法通过自身的努力来改变这一严峻局面。万般无奈之下，我司恳请有关政府部门在不违反相关环保法律法规的前提下，允许界龙继续为我司提供3个月的冷拔钢丝供货，保证供应商切换所必要的准备时间。
>
> 此致
> 敬礼！
>
> 张艺林

图 4-1　网传舍弗勒《紧急求助函》截图

上海界龙是目前舍弗勒唯一在使用的滚针原材料的供应商。由于环保方面的原因，上海市浦东新区川沙新镇人民政府自9月10日起对上海界龙实施"断电停产，拆除相关生产设备"的决定。由于切换新的供应商至少需要3个月左右的技术质量认可和量产准备时间，其间滚针的供货缺口估计将会超过1500吨，理论上这将造成中国汽车减产300多万辆，相当于3000亿元的产值损失。

舍弗勒一贯遵守中国环保法律法规，也全力支持有关政府部门在环保执法方面的努力，但这一突发的供应商停产事件对中国汽车工业，乃至国民经济的影响实在太大。其负面影响超出舍弗勒的想象，而且舍弗勒确实无法通过自身的努力来改变这一严峻局面。万般无奈之下，舍弗勒恳求有关政府部门在不违反相关环保法律法规的前提下，允许界龙继续为舍弗勒提供3个月的冷拔钢丝服务，保证供应商切换所必要的准备时间。

这又是一起本该可以避免的案件：唯一供应商，无环评审批手续，政府下达整改通知，对政府整改通知忽视或无视，埋下隐患。政府再次检查，再爆发……停产，向政府求援……

两起事件，给中国采购人带来的启示

以上两起案件，都是典型案件。中兴事件可能有人怪罪特朗普，指责美国单边主义，选择性执法，卡中国的脖子，阻挡中国前进的脚步，但你不得不承认，中兴通讯确实给了对方可乘之机。中国商务部就中兴事件第一时间的表态是：中方一贯要求中国企业在海外经营过程中，遵守东道国的法律政策，合法合规开展经营。也有人拿起民族大旗，表达了爱国主义情怀，觉得要不惜一切代价自己生产芯片，再也不能让别人卡住我们的脖子了，这是对的，可以理解为"化悲痛为力量""从哪里跌倒就从哪里爬起来""把坏事变好事"，激发技术上攻坚克难的干劲，这确实是好事，若干年后，大家回忆起来，可能会感谢特朗普，给大家上了生动的一堂课。你可以说"法不合理""选择性执法"，这或许都没错，但企业不能用这种心态经营。国际贸易就必须遵守驻在国法律，中兴通讯需要遵守美国法律，舍弗勒也需要遵守中国法律，当然这个案例不是舍弗勒违法，是供应商违法，但舍弗勒需要了解中国法律。现在中国在推动"一带一路"，将来会有更多中国企业走出去，遵守驻在国法律是一个基本企业守则。这样的案例有很多，中兴通讯和舍弗勒只是代表。

未来供应链风险会怎样？是更大，还是更小？我们的判断是：未来会更大！

这不是危言耸听，我们从能源资源高度先看看，伊朗、伊拉克、沙特、委内瑞拉石油产量占世界 50%；上海有色金属网援引美国地质调查局 2018 年最新稀土报告显示，2017 年全球稀土 REO 储量约为 1.2 亿吨，中国稀土储量为 4400 万吨，占全球总储量的 36.67%。从全球稀土储量分布结构来看，中国的稀土储量位列世界第一。

麦肯锡全球研究院认为，全世界的资源需求在增加，尤其是新兴国家更加富裕，对资源的需求会增加的更多。预计到 2030 年，世界对能源的需求量将增加 70%。畅销书《超级版图》作者美国经济学家帕拉格·康纳认为 2030 年世界对能源的需求量会增加 1 倍。

2025 年，资源更紧张，中国企业要响应"一带一路"倡议走出去，中国要"加大改革开放"请进来的进程，供应风险一定会加大。作为拥有 2025 视角的采购，要能将采购风险化成竞争优势，面对供应风险，不能只"救火"，更需要预防。除了资源能源风险，在中国我们认为还存在国有企业改制过程中可能带来的员工不稳定、经营不稳定，民营企业二代接班可能带来的企业转型、经营方式的变化，如果你有这样的供应商，就要对此特别关注了。

国家层面如何应对风险

先看看美国，2012 年 2 月 13 日，时任美国总统奥巴马签署了《全球供应链安全国家战略》。美国的发展来自超强的全球供应链整合能力，全世界的资源可以为其所用，全世界的交通可以畅通无阻，但"9·11"事件后，美国认为供应链受到了威胁。恐怖组织挑战美国、发展中国家强势崛起、欧元对美元形成冲击、在军事上俄罗斯有所对抗，美国的经济安全、军事安全、网络安全、航行安全、金融安全都受到挑战。因此，美国制定了一个《全球供应链安全国家战略》，成立了跨部门的全球供应链工作小组，每年向总统提交一份报告。

从应急风险防范方面，早在1979年，卡特政府就组建美国联邦应急管理署（Federal Emergency Management Agency，FEMA），不断完善一体化救灾机制，制定国家应急预案及其预案演练。

注意，此处FEMA（应急管理署），不是FMEA（Failure Mode and Effects Analysis，失效模式与影响分析）。FMEA失效模式与影响分析是指"潜在失效模式及后果分析"。FMEA是在产品设计阶段和过程设计阶段，对构成产品的子系统、零件，对构成过程的各个工序逐一进行分析，找出所有潜在的失效模式，并分析其可能的后果，从而预先采取必要的措施，以提高产品的质量和可靠性的一种系统化的活动。它是质量管理的工具之一，我们可以借助这种思路去管理供应风险。

再看中国，2017年10月13日，国务院办公厅发布了《关于积极推进供应链创新与应用的指导意见》，中国的GDP在增加，进出口在增加，无论是对外开放，还是"一带一路"，对资源的需求、对外的接触，都使得中国的供应链风险在增加。审时度势，中国政府制定了自己的供应链国家战略。文件中涉及农业供应链、制造供应链、流通供应链、供应链金融、绿色供应链、全球供应链。习近平总书记、李克强总理也在不同场合多次强调供应链，供应链管理一时成为大家频频提及的一个词。

大兴安岭火灾、非典等暴露了风险管理上的短板，2008年更是一个特殊的年份，年初，南方雪灾、拉萨"3·14"事件和汶川特大地震，为应急管理研究提出了严峻的挑战。政府总结经验教训，制定了一套应急管理机制。之后，一有事情，人们就会不断在媒体上听到"启动应急预案"。2018年3月第十三届全国人民代表大会第一次会议批准设立中华人民共和国应急管理部。"应急"不是"救火"，而是"平战结合""防范化解"。这里的一半是防范，也就是预防，预防有两层含义：一层是规避风险，尽量不让风险发生；另一层是做好预案，以便出现风险时能够科学应对。中国在整体上，已经从"应急救火"变为"预防为主"。

CCTV 是这样播报的：

> 中华人民共和国是灾害多发、频发的国家，为防范化解重特大安全风险，健全公共安全体系，整合优化应急力量和资源，推动形成统一指挥、专常兼备、反应灵敏、上下联动、平战结合的中国特色应急管理体制，提高防灾减灾救灾能力，确保人民群众生命财产安全和社会稳定，方案提出，将国家安全生产监督管理总局的职责，国务院办公厅的应急管理职责，公安部的消防管理职责，民政部的救灾职责，国土资源部的地质灾害防治、水利部的水旱灾害防治、农业部的草原防火、国家林业局的森林防火相关职责，中国地震局的震灾应急救援职责以及国家防汛抗旱总指挥部、国家减灾委员会、国务院抗震救灾指挥部、国家森林防火指挥部的职责整合，组建应急管理部，作为国务院组成部门。

供应链中有哪些风险

供应链管理有两个最为关键的战略问题：一是安全，二是高效。安全就是要避免中断，中断以后要能迅速恢复；高效就是周期短、费用省、反应敏捷。这次中兴事件，给全体中国人很好地上了一次供应链安全的课。

供应链风险可以分为内部风险、外部风险，也可以分为财务风险、战略风险、运营风险和灾害，还可以分为 STEEPLE 即社会、技术、经济、环境、政治、法律和道德风险，也有人分为 PESTEL 即政治、经济、社会、技术（包括网络）、环境和法律风险。

从中兴事件的相关报道看，中兴通讯触发的是政治风险和法律风险，即美国制裁伊朗。这两个风险恰恰是中国企业走出国门最不适应、最容易忽视、最不擅长管理的风险，因为中国企业是在非常包容的法律环境中成长起来的。改革开放后，国家总体采取的是包容的态度，鼓励打破条条框框，鼓励摸着石头过河，大家还没有养成遵守法律、尊重法律甚至敬畏法律的习惯。毫无疑问，发达国家的法律是完善的、执法是严格的。部分中国企业对对象国家的法律、习俗、习惯不太熟悉，有时甚至漠视。这从一系列关于国人出境旅游违反当地法律、做出一些不文明的行为的报道中可见一斑。大家对此不要讳言。就像小学老师经常教导我们的，首先要端正态度（此处不讨论美国的居心叵测，选择贸易摩擦的一个关键时间点，对中兴通讯精准打击，敲山震虎，增加贸易战谈判筹码）。

即使不是跨国运营，国内的企业也要充分认识到政策和法律风险，比如从前没有想过下岗，也没有想过企业会倒闭，所以贷款买房、高消费。虽然20世纪90年代时期有很多国有企业员工下岗，但很快人们的危机意识就被飞速的经济发展所冲淡。近几年，我们经常听到熟悉的人下岗，声名显赫的企业倒闭了。可能昨天你还是外企高级白领，家里雇用两个保姆，上下班有专车接送，但明天就可能下岗。当今，你的家庭开支就不得不考虑这些风险。中国以前是自给自足的状态，现在响应"一带一路"倡议走出去，虽然是发展中国家，但与发达国家在经济上的竞争加剧了，对供应资源的需求也增加了，国际风险也加大了，以前追求高速度、高GDP，现在追求高质量，供应链的政策风险、金融风险明显加大了。环保督查就叫停了很多企业，如2017年的舍弗勒环保断货事件。可以断言，国际贸易冲突一定是未来的常态，供应链风险一定在增加，这需要所有采购供应链管理人员高度关注！

我们再来看看中兴通讯供应链"软肋"。

中兴通讯的主营业务有基站、光通信及手机。其中，基站中部分射频器件如腔体滤波器（武汉凡谷、大富科技）、光模块厂商（光迅科技、旭创科技）、手机内的结构件模组等均可基本满足自给需求。唯有芯片在三大应用领域均存在一定程度的自给率不足问题。供应链作为链，它的最大风险存在于最弱的地方，毫无疑问中兴通讯最弱的地方就是"芯"。

那么，作为企业采购战略或供应链战略，有什么方法可以避免出现这个"软肋"或保护好这个"软肋"呢？

企业首先要做好风险识别，看看软肋在哪里，然后做好评估，看看万一出现问题影响有多大，最后对这个风险进行管理。

其实，所有的企业、国家都有软肋，比如大豆是美国的软肋，中国的软肋则是芯片等高科技领域，而对于所有东亚国家，马六甲海峡就是货物流上的软肋。为什么会有这个软肋的存在呢？除了自然灾害、恐怖活动等原因外，自己不可能涉足所有方面，也不可能成为全才，世界上恐怕只有中国由于是工业门类最为齐全的国家，可以做到什么产品都能自己做，也只有美国由于巨大的军事实力和经济实力，可以具备超强的全球供应链整合能力。

具体如何避免产生软肋或减少这个软肋风险带来的冲击和损失呢？根本的做法就是自制外包决策和供应商管理。我把它叫作"两个核心，一个基本点"。两个核心就是核心能力不能外包，供应商管理能力也是核心能力，一个基本点就是成本。

中兴通讯要不要把芯片作为核心能力自己生产不外包，这是战略问题，应当由中兴通讯做出决定。有人听到阿里巴巴要做芯片了就欢呼雀跃，其实阿里巴巴做芯片和中兴通讯做芯片是两码事。举个极端的例子，假设阿里巴巴与中兴通讯变成竞争对手，阿里巴巴如果不卖给中兴通讯芯片，那么芯片仍然是中兴通讯的软肋。一家企业不能什么都做，只能聚焦在自己的核心能力上。第二个核心是供应商管理能力。有的企业对关键供应商参股控股，以安全地获取资源，跨国公司在这方面的例子俯拾即是。如果企业不能参股怎么办？那么，企业只能提高采购人员专业水平，提升供应商管理能力，管理好与供应商的关系、供应商的绩效。

质量工具FMEA可以给供应链风险管理带来哪些启示

FMEA是一种可靠性设计的重要方法。它实际上是FMA（故障模式分析）和FEA（故障影响分析）的组合。它对各种可能的风险进行评价、分析，以便在现有技术的基础上消除这些风险或将这些风险减小到可接受的水平。由于产品故障可能与设计、制造过程、使用、承包商/供应商以及服务有关，因此FMEA又细分为：设计FMEA（DFMEA）、过程FMEA（PFMEA）、设备FMEA（EFMEA）、体系FMEA（SFMEA）。其中设计FMEA和过程FMEA最为常用。

FMEA最早是由美国国家航空航天局（NASA）形成的一套分析模式，它是一种实用的解决问题的方法，可适用于许多工程领域。世界上的许多汽车生产商和电子制造服务商（EMS）都已经采用这种模式进行设计和生产过程的管理与监控。FMEA已成为质量管理必备的工具之一。

此处我们在谈供应链风险控制时借用FMEA这一质量工具，是想强调供应商风险管理必须重在"事前的预防措施"，在风险发生前进行风险识别、风险评估，并制订相应的风险管理方案，即风险应对措施，这也可以理解为一种应急预案。潜在的意思是指，"失效"还没有发生，它可能会发生，但不一定会发生。管理的核心聚焦在预防，即预先评估可能的"失效"及其可能的"原因"与"后果和影响"。主要的工作就是进行"风险评估"，即潜在失效模式及后果和影响。

FMEA开始于产品设计和制造过程开发活动之前，并指导、贯穿、实施于整个产品周期。

FMEA是分析系统中每种产品所有可能产生的故障模式及其对系统造

成的所有可能影响，并按每一个故障模式的严重程度、检测难易程度以及发生频度予以分类的一种归纳分析方法。

供应风险管理需要从"救火式"转向"FMEA 预防式"。对于风险管理的一些具体做法，大家可以参照 ISO31000 和 ISO28000 国际标准。

数字化时代，采购还可以利用数字化技术，提前预判、预防可能出现的供应风险。比如，采购利用物联网技术，提前了解生产、运输、交付状态，利用大数据预测需求，避免波动，预防交付风险等。卓越公司不但能规避或降低风险，还能把它变成机会。

最佳实践：数字化采购过程中的偏差管理

从理想状态而言，未来供应链需要保证信息 – 物理的一致性，从而减少执行过程与计划的差异，也就是说"你做的就是你说的，你说的都在文件中规定了，正如我在现场看到的那样"，以保证企业级的"知行合一"。但是，在实际运作过程中，难免存在各类变数带来的过程差异甚至瓶颈。很多时候，瓶颈的长期存在往往会导致供应链"掉链子"，而采购段的运营差异非常容易导致停产或者断供，为企业带来莫大的风险甚至灾难。

未来供应链在保证过程一致性的同时，需要设定变数预警、瓶颈和风险识别、应急预案以及应急物流管理模式，需要建立过程偏差场景设定、识别和响应流程。

采购物流过程问题多种多样，比如：

（1）供应商停电、设备故障导致的停产；

（2）配送过程中堵车、翻车；

（3）大批量不合格；

（4）火灾、台风、地震及其他灾害；

（5）由于环保问题带来的停产整顿；

（6）供应商其他导致断供的问题。

针对上述可能产生的风险，采购过程和供应商内部管理需要有应急培训和实施演练，以避免实际情况的发生。

在智能制造中，这些采购物流过程问题可能显得越来越重要，否则，再好的智能制造工厂都无法有效运行。

从操作上而言，现在的企业供应链管理如果产生了偏差和瓶颈，企业可能有偏差数据的统计和可视化通知，通知的对象是操作团队或者监控团队，但是，这未必能够保证偏差数据抓取、通知的实时性和真实性，从而难以保证应对的及时性和有效性，所以会导致供应链系统的累积误差。也就是说，如果在采购过程中，供应商端出现了上述诸如翻车、批量不合格、停电等因素导致的问题，主要通过打电话、发传真等方式而不是由系统告知管理人员，则无法保证全过程的数字化和数据化。未来的供应链偏差管理是通过智能化的数据抓取方式，直接经由系统传递给关联系统或者智能设施，"看"偏差数据的可能不是人，而是整个供应链系统，实时地进行有效反馈和处理，形成自组织、自反馈、自调整的职能运作体系。

从技术上而言，由于未来使用信息物理系统（CPS），所以，智能制造无法忍受实际的供应商断供风险的产生，并且越来越多的采购企业会使用订单仿真与虚拟制造技术，先在系统上模拟仿真一遍，如果有瓶颈产生，那么就会在开始制造前解决瓶颈或者启动应急预案；如果模拟顺利，那就直接开始智能制造。于是未来供应链需要供应商端不但必须提供相应的交付管理接口，更需要在同一个供应链平台上保证实时协同计划 – 信息 – 物流 – 执行 – 差异等的一致性，以便使偏差最小。

为了说明问题，现举例如下。

假设 H 单位位于某市近郊，交通便利、环境宜人，其有效使用面积近 10 万平方米；拥有 5 个仓库和 3 个零部件、总装分厂，分布于厂房的 3 个楼层；日最高产量达 30 000 台，每天 24 小时连续运转，平均每分钟可生产 20.83 台，若 5 条生产线同时生产，则每条线每分钟可生产 4.16 台。

按照该产品的品牌形象和市场上对该产品的需求，以及该厂现有的各项资源，该厂的生产节拍期望值应该可以提到 5 台 / 分钟（即每天可生产 3.6 万台，潜在总资源占 20%）。如此巨大的生产潜力，是被什么约束住了呢？我们随机抽取了任意两周的停线时间作为研究对象，发现如下问题。

从该厂的采购物流现状来看，问题可以描述为：生产线上的高效率运转所带来的物料消耗与各类物料无法有效配送到工位之间的矛盾，使厂内物流不均衡，从而造成生产上的瓶颈，降低了供应链整体系统的价值链传递效率，造成了很大的浪费。

（1）供应商到采购方。

- 包装的差异：运输容器没有实行标准化，有各类各样的具有供应商明显特色的容器，不利于企业内部标准化管理，也不利于物料与容器的颜色管理和定置管理以及物流现场的整理整顿，影响了采购管理落实的有效性。

- 数量的差异：包装单元数量不统一，不严格按生产需求送货（通常，为了保证用量，都有多送的余量，加上盘点的不及时，增加了供方的管理与仓库的成本）；不能进行运输的直达化管理（即门对门管理），人工清点与数据交换费时、费力，更容易造成系统中的积累误差；即使偶尔有使用条码的也无法保证数据的准确性，最后只好扫描送货单，影响数据管理的有效性。

- 由于没有按照采购方既定的到货计划送货，使得供应商日供货不明确、不及时、不合顺序，导致无法到货或者到货无效，最后使各工序缺料等待。

- 供应商进货的规划与调度中可能出现同时超标到货的现象，造成现场拥挤（该厂在当地便有500多家供应商，每天送货大卡车最多时达 30 多辆，平时同时到达的有 8～10 辆（也有时空场），而卸货现场面积和卸货能力决定了每次最多可同时卸货四五辆大卡车）。

- 供应商质量不能保证，常使总装线停产，甚至总装后试机时，发现品质不良，只好作为不合格品另行处理，增加了生产环节的负担。

（2）相关环节和功能区域。

- 卸货区：拥挤现象很严重，成了事实上的库存暂存区，各类材料在卸货区停留的时间过长，客观上对卸货本身造成了干扰。
- 工序之间各暂存区：见缝插针式地无序存放，暂存容器的不统一、不规范（甚至许多物料根本没有必要的容器），导致存货不能顺利进出（需要的货物在最里面），更不能先进先出，造成实际生产中时空上的矛盾，如钣金件存放区，甚至在一些区域出现存放多日的不良品部件，而且经常存放在加工区的运输要道上，阻碍了物料的顺利流转。
- 各厂、库暂存区重复设置现象严重，但又不能统一管理与运输、调度，导致重复运输和回转运输，使配送无序。
- 各厂的区域分割，物料分散堆放，又由于配送与物流管理上的不均衡，使空间周转不过来，如产品的下线问题、固定工艺的运转周期与下件存放使用的时间差问题、运输过道与运输方式的问题等（尤其是电梯的使用与管理不合理），造成各楼层间物流的瓶颈现象。
- 总装线上：节拍跟不上，所需物料不能从各厂、区、库及时、准确配送到位，且配送的物料质量难以保证；不需要的物料（调产后的零配件、空工位器具、不良品）不能被及时运走或处理，造成线上物料拥挤与亏缺，使生产不准时，物流不均衡。

（3）采购-生产的信息流。

全厂信息传递和数据维护的现代化程度很低，部门间以订单方式交流，信息传递易失误，沟通、处理不及时；物料周转又未单元化，使高效率的物料运转、巨大的数据量与低效、易错的人工操作之间存在错位（如成品包装线与成品库间的数据交换完全由人工点数完成,常出现数据不统一或盘点延迟的现象)。

(4)管理组织。

缺乏专门的物流管理组织,以上物流矛盾不能得到及时、有效的解决,导致瓶颈现象的不断积累。部门之间不断扯皮,导致管理资源浪费。

(5)量化管理。

表 4-1 是某连续两周中和某特定的一天中因以上原因导致停产的部分数据。

表 4-1 各部门导致的停产次数

部门	上周	百分比(%)	本周	百分比(%)
工艺部	51	1.69	395	19.55
料品部	1 986	65.72	354	17.52
成品库	0	0	315	15.59
品保部	0	0	292	14.46
品管部	67	2.22	178	8.81
资讯部	92	3.04	150	7.43
企划部	0	0	90	4.46
一分厂	10	0.33	74	3.66
研发部	18	0.60	70	3.47
采购部	632	20.91	32	1.58
二分厂	78	2.58	30	1.49
设备部	33	1.09	20	0.99
三分厂	55	1.82	20	0.99
总计	3 022		2 020	

资料来源:上海天睿物流咨询有限公司。

从表 4-1 中可以看出:对于停产,料品部、采购部和资讯部等物流的主要环节责任较大,而各个分厂生产管理的直接责任较小。

表 4-2 反映了该单位绝大部分停线是由于供货不及时、送料不及时和缺件等物流不合理而造成的,结果错误地归入到生产管理中,并且由表 4-1 和表 4-2 中的总计可知,两周内仍分别有 83(=3 105–3 022)个和 25(=2 045–2 020)个停线时间单位找不到责任部门。

表 4-2　停线时间（分钟）

部门	上周	百分比（%）	本周	百分比[①]（%）
生产管理	2 872	92.50	1 573	76.92
质量	164	5.28	337	16.48
技术准备	36	1.16	95	4.65
设备维护	33	1.06	40	1.96
总计	3 105		2 045	

①由于四舍五入的原因，相加总和不一定为100%。

表 4-3 中由于缺件、周转不利、送料不及时、信息传递失误、送料错误等原因所造成的停机时间占总时间的 74.87%，真正由于操作等原因所致的停机仅占极少一部分。

表 4-3　停机原因分类统计

原因	统计	百分比[①]（%）
缺件	876	42.84
周转不利	315	15.40
闪缝	292	14.27
送料不及时	218	10.66
信息传递失误	90	4.40
技术准备不充分	95	4.65
部品不良	57	2.79
设备不良	40	1.96
送料错误	32	1.57
操作失误	30	1.47
总计	2 045	

①由于四舍五入的原因，相加总和不一定为100%。

表 4-4 中单日停产原因分析表明，导致停机的直接原因仍主要是物流的不合理导致的低效化，这证明表 4-1~表 4-3 中出现的每周停机时间的原因并不是偶然的。

表 4-4　×月×日停产明细

次数	分类	项目	停线时间（分钟）	百分比[①]（%）	责任部门
1	生产管理	日供货不及时	215	33.80	工艺部
2	生产管理	送料不及时	3	0.47	采购部
3	生产管理	日供货不及时	83	13.05	工艺部
4	生产管理	日供货不及时	82	12.89	工艺部

（续）

次数	分类	项目	停线时间（分钟）	百分比[①]（%）	责任部门
5	设备维护	设备仪器故障	18	2.83	设备部、三厂
6	生产管理	日供货不及时	35	5.50	工艺部
7	质量保证	部品不良	11	1.73	品管部
8	生产管理	日供货不及时	88	13.80	工艺部
9	技术准备	技术准备不充分	15	2.36	技术部
10	生产管理	缺件	30	4.72	一厂
11	生产管理	送料不及时	10	1.58	采购部
12	生产管理	缺件	11	1.73	一厂
13	生产管理	日供货不及时	21	3.30	采购处
14	生产管理	缺件	14	2.20	一厂
小计		日供货不及时	524	82.39	
		送料不及时	13	2.04	
		部品不良	11	1.73	
		设备仪器故障	18	2.83	
		技术准备不充分	15	2.36	
		缺件	55	8.65	
		总计	636		

① 由于四舍五入的原因，各数据相加不一定与小计相等。

出现这么多的停产现象，该厂的管理监督部门都会定期稽核，并查明责任者进行处理。实际上，作为该行业的知名企业，该厂的生产管理及监督都很完善并且很有力度，但是因为缺乏对物流的理性认识，所以对于如何从根本上解决因物流不合理现象所带来的浪费与束缚是该厂领导层一直头疼的问题。

由于存在多个瓶颈，使采购作业劳而无功、厂内物流不平衡，生产物料的配送无法准时化、高柔性，导致整个生产流水线经常停机等待，工作流、物料流、资金流、信息流受阻，系统效率的提高受到约束，产生了巨大的机会成本，从而不能最大限度地降低物流成本，解决生产中的时空矛盾，挖掘出被浪费的利润源泉。

（6）传统的数据预警与可视化通报。

图 4-2 和图 4-3 是比较常见的现场可视化数据表现方式。

由于绝大多数业务过程中的数据统计是离散型的，各部门协同共享联动性较差，信息不能共享，不能及时传递，形成信息孤岛；过程中的异常信息绝大多数没有及时存储，导致不能及时做统计、分析；大量的数据都是人工统计，导致统计结果滞后，管理也只能是事后控制，不能实现预先控制和及时管理。

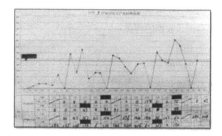

图 4-2　每天花费巨大的管理资源来显示各类数据，但都是不可以追溯的

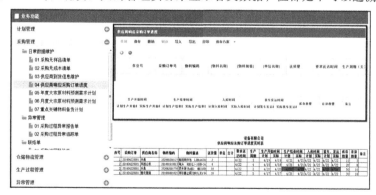

图 4-3　由于不是实时数据，数据统计出来之后，就意味着无效了

当前的很多报表，一方面都是通过人工输入、编辑、整理，另一方面报表出来后通过邮件或者打印出来进行信息的传递和发布，从而导致人工处理数据的工作量大，关键管理者不能及时看到这些信息，在现场要

么看不到这些数据，要么就是事后才能看到数据，容易造成管理被动和只能进行事后控制，而不能做到事先预防，最后导致的问题，如图4-4所示。

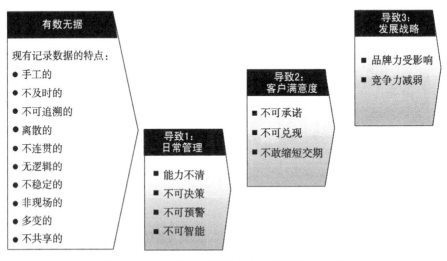

图 4-4　无法形成有效管理和交付承诺与兑现

（7）数字化采购管理要求以及建议。

在未来的供应链管理体系中，采购方一般会有以下要求（来自MMOG/LE）：

- 供应商必须将交付资源与采购方的长期、中期和短期需求进行比较。在运作过程中，供应商需要通过流程来确保任何可能影响后续运作的风险发生时，能快速和客户沟通。
- 供应链管理部门需要实时查看是否足够满足客户未来的需求，以便及早发现可能影响满足客户需求的潜在问题。当发现风险和偏差时，供应链管理部门需要及时制定纠正行动，将对客户的影响减小到最低程度。
- 供应链管理部门必须制订应急方案，当发生紧急情况时，即启动这一解决方案。此外，这一职能系统必须定期进行测试和验证。供应链管理部门要求对相关人员进行应急程序的培训。

- 当接收到预测需求和发货要求时,每天(可以实现周滚动)都需要比较现有的资源和客户的需求之间的差别,并且提出优化方案。当有任何重要资源受限,不能满足客户要求时,能够实时通知客户。
- 系统能够自动检测发货数量的差异(比如货运扫描和装载控制系统),确保任何与客户协议的运输数量和方式有差异时,能够被及时检查出来,并且在不对客户带来成本损失的情况下及时地协调。

所以,未来企业需要通过对计划、采购、仓储物流、生产四大关键业务环节实时掌握进度,监控过程异常,包括对整个异常处理进行全过程控制,更好地实现问题的事前预防和事中控制,实现各业务部门的协同性,帮助企业落地PDCA管理循环和持续优化提升,以支持打造数字化、可视化、智能化、信息化工厂。参考逻辑如图4-5所示。

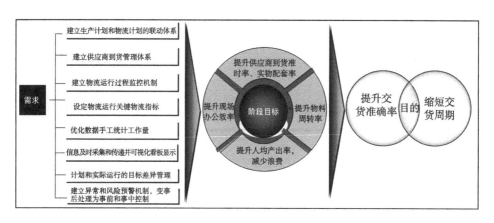

图 4-5　需要重视数字化逻辑的打通

企业要将计划、采购、生产和物流信息有效联动起来,同时将过程中的异常信息进行预警或及时展示,以此将当前事后的管理提升为及时管理和预先控制,并且进行及时的监控。参考模型如图4-6所示。

数字化采购过程差异管理界面如图4-7所示。

总而言之,数字化采购过程中需要有供应链瓶颈识别流程,以界定

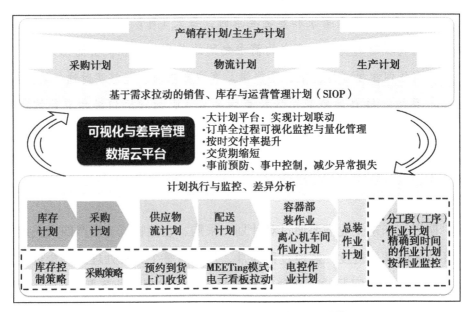

图 4-6　数字化供应链过程数据管理差异模型

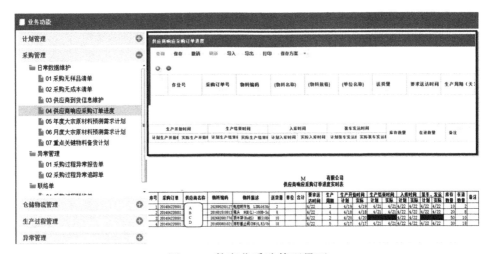

图 4-7　数字化采购管理界面

瓶颈的背景、偏差的产生和风险预判；建立采购过程的预警机制、应急机制等的设定和流程要求；最后做好偏差管理，从而保证供应链的有效运营。

本章执笔人：邱伏生，中国机械工程学会供应链专委会主席；
宫迅伟，中国采购商学院首席专家。

第 5 章

从"应收账款保理"到"区块链+"
——供应链金融新模式

---------- 导 语 ----------

如何解决中小企业融资难题?

金融的核心是风险控制,中小微企业由于抵押物不足、账务不清、信用等级低、风控成本高,很难获得现有银行模式贷款。

供应链金融将核心企业和上下游企业联系在一起能否提升资信等级?互联网时代,物流、商流、资金流、信息流"四流合一",通过大数据、物联网、区块链,实现供应链的可视化、可追溯。

"科技+金融+供应链"能否建立跨行业、跨平台联防联控机制,解决中小微企业融资难、融资贵问题?

什么是供应链金融

"企业间的竞争就是供应链间的竞争",这是大家的共识。同一条供应链内部各方相互依存,一荣俱荣、一损俱损;赊销是当今社会主流的交易方式。处于供应链上游的中小型供应商,往往处于弱势地位,由于应收账款周期较长,不得不面对资金压力,而资金短缺又会直接导致后续环节的停滞,甚至会出现"断链"现象。资金是维持企业生存的血液,市场倒逼企业必须提高资金的使用效率。

到目前为止,银行信贷仍是企业最主要的融资渠道,但是,由于缺少抵押物、资信等级不足,中小企业很难通过传统的信贷方式从银行那里获得贷款。风控是金融的核心,中小企业风控评估成本高,商业银行为了控制风险,减少呆坏账,不太愿意向中小企业放贷,而是把服务重心放在了大型民营企业、国有企业、中央企业身上。这些核心企业,信用评级较高,资金渠道较广,获得资金更为容易,常常被银行等金融机构过度服务,如图5-1所示。反观中小企业,客观上来说,它们恰恰是最需要信贷资金支持的,而传统的银行又苦于中小企业信贷条件不足而惜贷、惧贷,这就造成了银企关系上的信用隔阂。要突破这种隔阂,中小企业就必须寻求新的融资模式。核心企业与供应链上下游企业唇齿相依,只有解决了上下游企业的融资诉求才能提高供应链的竞争力,此时供应链金融应运而生。

可以说,供应链金融是为中小企业量身定做的一种新的融资模式,它将资金流有效地整合到整个供应链管理中,金融机构围绕核心企业,管理上下游中小企业的资金流和物流,并把单个企业的不可控风险转变为供应链整体的可控风险,以真实贸易背景为前提,通过多维度获取各类信

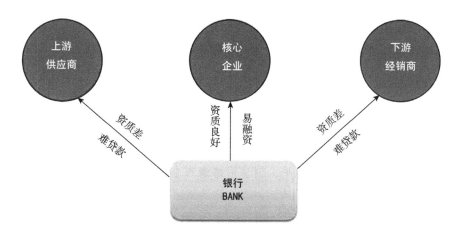

图 5-1 传统借贷关系下银行眼中的不同企业

息,将风险控制在最低,为供应链弱势企业提供新型融资服务,如图 5-2 所示。

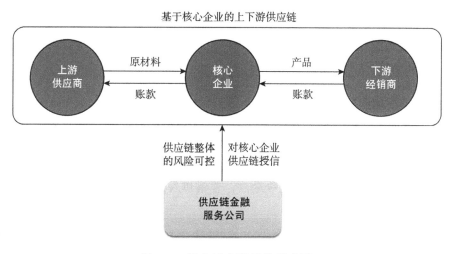

图 5-2 供应链金融风控示意图

供应链金融降低了整个供应链的融资成本,并通过金融资本与实体经济的协作,构筑金融机构、核心企业和供应链中小企业的互利共存、持续发展的产业生态,形成稳定的供应和销售网络,促进整个供应链上链条的稳固和流转顺畅,并最终增强供应链的整体竞争力和可持续发展能力。

【案例 5-1】某高端机械制造企业供应链金融案例

➢ 背景介绍

A 企业的注册资本是 1 亿元,主要从事高端机械设备的制造,年销售收入超过 10 亿元。A 企业目前在该细分行业中排名前五,其产品在国内处于技术领先水平,销售网络遍布全国各地。

➢ 企业及其供应链企业的痛点

A 企业有意扶持一批优秀的供应商,帮助供应商完成生产设备的升级改造,提升产品品质,缩短交货周期,同时 A 企业计划增加产品线,扩大规模,以进一步占领市场。由于部分供应商规模较小,产能有限,因此也急需资金同步购买设备,提升产能,但因自身实力、担保能力等原因无法获得银行贷款,有些甚至不得不做一些高利率的民间借贷。供应商的产能瓶颈也极大地影响了 A 企业的市场开拓计划。

➢ 银行痛点

随着 A 企业的不断发展壮大,多家银行主动营销,但企业自身实力较强,现金流充足,实际贷款金额仅占全部授信额度的 20%。银行之间在传统业务上竞争激烈,营销切入点难寻。

➢ 市场需求分析

银行业务人员经过多次调研后,认为:

(1) A 企业产品为国家政策支持的产业升级产品,技术领先,市场接受度高,销售情况良好,且企业利润一直持续稳定增长,未来通过扩大产能,有望进一步占领市场;

(2) 近年来,A 企业的国内销售规模不断扩大,对外出口也呈快速上升趋势。A 企业处于行业领先地位且企业实力、信用资质较好，具备一定的成长性及抗风险能力。

> **供应链金融方案设计**

对 A 企业供应商信贷业务准入：

符合银行授信资格和基本条件，生产经营稳定，与 A 企业有长期稳定的供销业务往来，对 A 企业有一定规模的应收账款。

单笔授信业务基本要求：

（1）单个客户授信金额不超过人民币 1000 万元，贷款金额不超过 A 企业应收账款总额的 70%，并以孰低原则确定；

（2）贷款期限 1 年，利率基准上浮 20% 以上，借款企业采用按月付息、到期还本的方式；

（3）A 企业提供连带担保责任。

> **方案效果**

（1）对 A 企业来说，银行向供应链注入的资金如久旱后迎来的甘露，及时解决了供应商流动资金紧张的困境，为整个供应链的产能升级提供了助力，令 A 企业拓展市场再无后顾之忧；

（2）对银行来说，与 A 企业及其供应商建立了良好的业务合作关系，并在企业间形成了示范效应，且获得了可观的息差收入，同时随着 A 企业及其供应商业务量的快速增长，企业营收及利润均大幅提升，企业在银行的存款持续增加，也为银行带来了人民币账户结算量。

总结一下，供应链金融对于供应链企业主要有以下三大作用。

（1）巩固供应链企业间的关系。

供应链金融可以将原先供应链企业间简单的生产、购销关系，通过资金的注入变得更为紧密。商业银行、保理公司等金融机构通过对整个供应链的把控，将核心企业和上下游企业紧密联系在一起，帮助核心企业做好整个供应链的生态建设和效率提升。

（2）降低供应链经营成本。

商业银行、保理公司等金融机构通过深入核心企业的供应链上下游，监控供应链上资金的流动情况，获取合同订单、发货收货、应收应付账款等信息，使商流、物流、资金流和信息流得到统一管理，并且根据供应链各企业对资金的不同需求提供具有针对性的金融服务，从而降低整个供应链的经营成本，提高资金的使用效率和融资速度。

（3）拓宽中小企业融资渠道。

供应链金融有利于解决中小企业融资难的困境，大部分的供应链上下游中小企业整体实力都相对较弱，没有足够的抵质押担保物，信息透明度低，抗风险能力弱，因此很难获得金融机构的贷款，可是中小企业对流动资金的需求又较高，其市场融资需求难以得到解决。通过发展供应链金融，金融机构可以依托核心企业的信用优势，结合供应链中小企业与核心企业的真实交易信息，基于中小企业的应收账款、存货、预付款等权益，对其提供供应链融资服务，拓宽中小企业的融资渠道。

中国供应链金融的发展历程：从 1.0 到 4.0

1999 年，深圳发展银行在广东地区以"票据贴现"业务最先介入供应链金融领域。随后近 20 年来，供应链金融在我国发展迅速，为银行和企业拓展了发展空间，增强了市场竞争力，也为融资困难的中小企业拓宽了融资渠道。在国内经济转型升级的大背景下，供应链金融更是备受瞩目，尤其是在产融结合、脱虚向实的政策号召下，供应链金融以其对实体产业强大的赋能作用，迅速成为振兴实体经济、推动产业升级的重要抓手。

根据国家统计局的数据，2016年年末，我国规模以上工业企业应收账款达12.6万亿元，同比增长10%，这其中蕴藏着企业巨大的供应链融资需求。相比于庞大的应收账款，2015年我国商业保理量仅在2000亿元左右，由此可以看出，还有大量的供应链金融需求尚未被满足，因此供应链金融行业发展空间巨大。目前供应链金融行业健康有序发展、宏观环境良好、产业生态繁荣，除了传统的商业银行外，核心企业、电商平台、供应链公司、外贸综合服务平台、物流公司、金融机构、信息化服务公司等都纷纷往供应链金融领域发展，可谓是千帆竞发、百花齐放。

自2017年以来，供应链金融相关政策频频出台，鼓励商业银行、供应链核心企业等发挥引领作用，搭建供应链金融服务平台，为供应链上下游中小企业提供高效、便捷的融资渠道，同时对供应链金融ABS融资提供规范化的指引（见表5-1）。

表5-1 供应链金融相关政策文件

时间	发布机构	会议或文件	相关内容
2016年2月	中国人民银行、发改委、工业和信息化部、财政部、商务部、银监会、证监会、保监会	《关于金融支持工业稳增长调结构增效益的若干意见》	大力发展应收账款融资，改进完善应收账款质押和转让、特许经营权项下收益权质押、合同能源管理未来收益权质押、融资租赁、保证金质押、存货和仓单质押等登记服务；推动更多供应链加入应收账款质押融资服务平台，支持商业银行进一步扩大应收账款质押融资规模
2017年3月	中国人民银行、工业和信息化部、银监会、证监会、保监会	《关于金融支持制造强国建设的指导意见》	鼓励金融机构依托制造业产业核心企业，积极开展应收账款质押贷款、保理等各种形式的供应链金融业务，有效满足产业链上下游企业的融资需求
2017年5月	中国人民银行、工业和信息化部、财政部、商务部、国资委、银监会、外汇局	《小微企业应收账款融资专项行动工作方案（2017~2019年）》	开展应收账款融资宣传推广活动；支持政府采购供应商依法依规开展融资；发挥供应链核心企业引领作用；优化金融机构等资金提供方应收账款融资业务流程；推进应收账款质押和转让登记；优化企业商业信用环境

（续）

时间	发布机构	会议或文件	相关内容
2017年7月	国务院	全国金融工作会议	明确金融服务实体经济发展要求，为供应链创新与应用提供良好的政策环境
2017年10月	国务院办公厅	《关于积极推进供应链创新与应用的指导意见》	积极稳妥发展供应链金融，鼓励商业银行、供应链核心企业等建立供应链金融服务平台，为供应链上下游中小微企业提供高效、便捷的融资渠道，有效防范供应链金融风险；研究利用区块链、人工智能等新兴技术，建立基于供应链的信用评价机制
2017年12月	上交所、深交所、机构间报价系统	《企业应收账款资产支持证券挂牌条件确认指南》《企业应收账款资产支持证券信息披露指南》	对企业以应收账款ABS融资的基础资产、风险管控、现金流归集和信息披露等环节提出明确要求

资料来源：中国人民银行官网、中国政府网、证监会官网。

我国供应链金融的发展主要可分为四个阶段，下面将分别进行介绍。

1. 供应链金融1.0：传统线下"1+N"模式

商业银行或供应链金融服务机构围绕核心企业，以核心企业"1"的信用作为支撑，为核心企业的上下游企业"N"提供融资服务，主要通过保理、库存融资、预付款融资等方式实现。这一模式把核心企业及其供应链上下游企业看作一个整体，利用核心企业的信用外溢，使商业银行能够挖掘在传统信用体系下无法开发的中小型企业客户，如图5-3所示。

1.0时代虽然重塑了传统的信用评价体系，但整个流程仍然都是基于线下传统模式，商业银行采用人工授信，一事一议，效率较低，无法借助科技手段实现批量获客，规模受限。

2. 供应链金融2.0：线上"1+N"模式

随着电子信息、互联网技术的成熟与普及，把传统的线下供应链金融

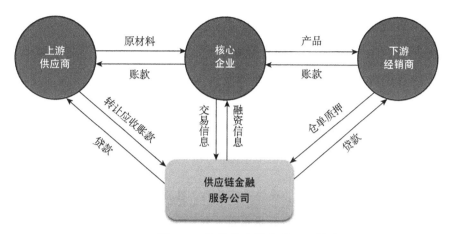

图 5-3 传统供应链金融 1.0 模式

搬到线上,核心企业通过 ERP 系统来管理供应链,以降低库存成本并及时响应客户需求,核心企业"1"的数据和银行实现银企直联,从而让银行能够随时掌握核心企业和供应链上下游企业"N"的仓储、订单、物流、交收等各项真实的经营信息,进而实现对上下游企业"N"的授信及风控。通过核心企业的数据共享和配合,银行在做好风险控制的同时,还能实现批量获客的目标,扩大放贷规模。

3. 供应链金融 3.0:互联网 + 供应链金融"N+1+N"模式

在"互联网 +"的推动下,供应链金融 3.0 时代来临,以整合物流、资金流、商流、信息流四流合一的供应链综合服务平台为核心,将过去围绕核心企业的"1+N"模式,拓展为围绕中小企业自身交易的"N+1+N"模式。这里的"1"代表供应链综合服务平台,两个"N"分别代表上下游中小企业。如果说原先的"1+N"模式是以核心企业"1"为圆心,核心企业上下游中小企业"N"为半径的小圆,那么供应链金融 3.0 就是由一个个"1+N"的小圆拓展出来的"N+1+N"的大圆,由于有先进的互联网技术作为支撑,可以大幅降低供应链金融机构的操作成本与风控成本,也可以让供应链金融的服务边界得到极大延伸。

供应链金融 3.0 与之前的供应链金融 2.0 相比,一个显著的区别是资金提供方不再是商业银行占绝对主体，保理、小贷、融资租赁、互联网金融、私募基金、信托及证券公司等金融机构也纷纷参与到供应链金融中，供应链金融百花齐放，资金来源及业务模式也越来越多样化。

【案例5-2】平安银行

2003年深圳发展银行（现为平安银行）在业内最早推出"1+N"供应链金融业务；2006年整合推出供应链金融品牌，全年累计发放贷款近3000亿元，业务同比增长50%；2008年推出"赢动力"系列供应链金融产品，服务于东风日产、东风本田、一汽、宝钢等众多核心企业上下游供应链；2012年全新推出"供应链金融2.0"，服务超过200家核心企业、4000多家上下游客户；2014年平安银行橙e网正式上线，以构建"四流合一"的综合供应链金融服务平台。

【案例5-3】京东供应链金融

2012年京东和中国银行签署战略合作协议，上线供应链金融服务平台，开始面向平台商家提供采购、入库、结算、融资等方面的供应链服务，同时京东作为担保方为平台商家进行增信，银行以信用贷款和应收账款转让的方式为平台商家放贷。

2013年京东正式上线"京保贝"供应链金融产品，通过对京东平台上供应商的采购、销售、财务等数据进行多维度分析，由风控自动决策系统完成自动化的审批授信、风险控制和放款。授信额度完全基于供应商在京东平台的交易数据进行分析所计算得出的结果。供应商可在系统给出的额度范围内进行灵活融资，而无须任何担保和抵押，从申请到放款整个流程3分钟内即可完成。

【案例 5-4】怡亚通

> 深圳怡亚通创立于 1997 年,是一家一站式供应链管理服务平台。怡亚通身处行业前沿,所以能贴身感受上下游客户的需求,早在 2009 年便开始提出"业务向供应链金融延伸"。2010 年其旗下宇商小额贷款公司供应链金融业务发展顺利,根据客户业务需求为客户量身定制贴身的供应链融资服务,并与供应链的其他环节相辅相成,互相促进,共同推动怡亚通供应链业务的蓬勃发展。公司供应链金融的主要业务模式包括短期资金融通和设备融资租赁。在一站式供应链管理服务的产业基础上开展金融业务的模式,是其盈利的重要来源之一。

4. 供应链金融 4.0:区块链 + 供应链金融

传统供应链金融存在着信息不对称、不透明、作假、被篡改的风险,已经不能满足多元化发展的需求。区块链、大数据、物联网和人工智能等新一代信息技术的发展和创新推动着传统供应链金融向数字化、智能化的方向转型,以更好地将商流、信息流、资金流和物流整合链接,一方面通过建立动态多维信用评价体系,实现资金的高效率、高质量精准投放;另一方面使得供应链金融能够很好地将以前无法覆盖的供应链长尾企业涵盖进来,供应链金融产品和服务对象更加多样化,业务规模也将进一步扩大。供应链金融正在以数字化的形式、智能化的方式、区块链的范式,构筑未来新的产业生态。表 5-2 给出了供应链金融 1.0~4.0 的比较。

表 5-2　供应链金融 1.0～4.0 的比较

模式	供应链金融 1.0	供应链金融 2.0	供应链金融 3.0	供应链金融 4.0
关键词	中心化	线上化	平台化	智能化
商业模式	传统的供应链金融线下模式，以核心企业的信用为支持	供应链金融线上化，以 ERP 对接供应链各参与方	通过"互联网+"的深度介入，打造供应链综合服务平台	区块链、大数据、物联网和人工智能等新技术的应用、四流合一
金融主体	商业银行	商业银行、保理公司	商业银行、保理、小贷、融资租赁、互联网金融、私募基金、信托、证券公司	商业银行、保理、小贷、融资租赁、互联网金融、私募基金、信托、证券公司
技术突破	库存抵质押、应收账款转让	互联网、信息化	云平台、多维数据风控模型、大数据自动决策	数据凭证拆分流转、去中心化、信息透明、可追溯、不可篡改

企业如何切入供应链金融

供应链融资三大基础模式

企业应该如何利用供应链金融来进行融资呢？对于这一问题，每一家企业都有四位"首席"对此深表关注，他们分别是企业的 CEO、CFO（首席财务官）、CMO（首席营销官）、CPO（首席采购官），但他们关注的点又略有不同。企业进行供应链融资主要有三大基础模式：应收账款融资、库存融资、预付款融资。CEO 和 CFO 更多会关注如何通过应收账款融资和库存融资来解决企业自身的流动资金压力；CMO 则会关注如何通过预付款融资来解决下游经销商的资金问题，从而让经销商能够多囤货，进而提升企业的销售规模；CPO 则是在思考如何帮助上游的供应商通过应收账款融资来缓解资金压力，从而帮助企业打造一个稳固、高效的供应链生态体系，进而降低供应链综合交易成本。下面我们将就这三种基础模式分别进行介绍。

1. 应收账款融资

目前，企业通过赊账销售已成为最主流的交易方式，供应链上游的企业普遍承受着现金流紧张的压力，迫切需要找到较为便捷的融资渠道。应收账款融资就是指企业为取得流动资金，以买卖双方签订的真实贸易合同产生的应收账款为基础，以该应收账款作为还款来源的融资方式。通过转让应收账款，企业可以获得销售回款的提前变现，加速流动资金周转。

应收账款融资主要有以下几种方式。

（1）保理：通过受让企业应收账款为企业提供融资服务的金融业务。保理商（资金提供方）先与卖方（核心企业上游供应商）签订保理协议，卖方将通过赊销产生的应收账款转让给保理商，在应收账款到期日，买方（核心企业）负责偿还应收账款债权。根据保理商有无追索权，保理又分为有追索权保理和无追索权保理。如果有追索权，当买方无力付款时，保理商向卖方追索，收回向其提供的融资（见图5-4）；如果无追索权，保理商需提前对买方进行资信评估，当买方无力付款时，保理商也不能向卖方追索。

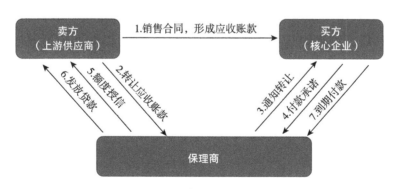

图 5-4 有追索权保理融资模式

（2）保理池融资：把一个或多个具有不同买方、期限、金额的应收账款全部打包，一次性转让给保理商，保理商根据累计的应收账款给予融资（见图5-5）。在保理池融资模式下，如果卖方在授信期内均有足额的应收账款余额，那么可持续使用保理商给予的融资额度，这样可以挖掘零散应收账款的融资能力，提高融资效率。此外，保理池融资通过多个买方的应收账款还可降低单一买方的还款风险，有利于降低卖方的授信风险。中国民生银行、平安银行等商业银行都为企业客户提供保理池融资业务。

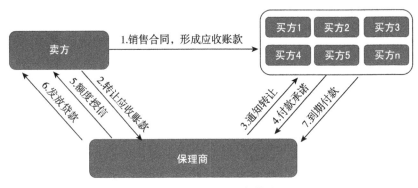

图 5-5　保理池融资模式

（3）反向保理：保理商与核心企业之间达成协议，针对核心企业与其上游供应商之间因贸易产生的应收账款，为核心企业的上游供应商提供一揽子的融资、结算方案，其实质就是保理商对优质买家的应付账款进行买断，以核心企业为依托，降低整体的融资风险。

（4）票据池授信：企业将收到的票据（主要指商业票据）进行质押或直接转让后，纳入银行授信的资产支持池，银行以票据池为限向企业授信。这项业务能最大限度地实现票据的融资功能，满足企业票据管理外包需求，提升资金集中管理的能力。

2. 库存融资

企业采购商品后，商品在运输途中或库存中会形成资金占用成本。库存融资就是盘活这部分沉淀资金，进而提高资金利用率和流动性。企业将自己的存货向金融机构进行抵押或质押，借助第三方物流或仓储公司对抵质押商品进行监管，此时金融机构向企业提供流动性支持，从而降低企业库存商品的资金占用成本，通过库存融资可以实现生产销售稳定与资金流动性充裕二者之间的平衡。

3. 预付款融资

预付款融资发生在采购阶段，也可以理解为"未来存货的融资"。在上游核心企业（供应商）承诺回购的前提下，下游中小企业（采购商）以金融机构指定仓库的既定仓单，向银行等金融机构申请质押贷款，以缓解其预付货款压力，同时由金融机构控制其提货权来作为风控手段。预付款融资模式有助于下游采购商中小企业的杠杆采购和上游供应商核心企业的批量销售。

供应链金融融资渠道

企业如果要开展供应链金融，应该向谁融资呢？供应链金融的资金方又有哪些呢？在供应链金融发展初期，金融参与主体主要为商业银行。随着供应链金融的不断发展，尤其是在互联网的推动下，从2.0模式开始，供应链金融的资金方及融资方式已经呈现多元化发展。目前开展供应链金融业务的主要资金来源渠道除商业银行外，还包括商业保理、小贷公司、融资租赁公司、P2P网贷平台、信托公司、私募基金以及证券公司等。

1. 商业保理

目前供应链金融的主要资金来源之一就是商业保理公司。据有关统计，截至2017年12月31日，全国注册商业保理法人企业及分公司共8261家，比2016年增长了48%，实际开业约1600家，业务总额达1万亿元人民币，融资余额约为2500亿元人民币。

企业通过商业保理公司进行供应链融资的综合年化利率目前一般是在12%~18%，融资期限相对较灵活。商业保理公司的主要资金来源为企业自有资金及股东借款，因此是否有强大的股东背景及雄厚的资金实力是影响保理公司发展的主要因素。

2. 小贷公司

目前一些核心企业或大型生态链平台利用自有资金成立小贷公司来对供应链上下游的中小企业提供融资服务是业内比较常见的做法，比如阿里小贷、苏宁小贷等。相比银行，供应链企业通过小贷公司来进行融资的利率较高。不过银行放款流程较复杂，需要提交的资料较多且审批周期较长，而小贷公司相对来说业务流程较快且贷款期限灵活。此外，小贷公司放贷对自身资金要求较高，杠杆率较低，因此放贷规模受限。

【案例 5-5】苏宁小贷

> 苏宁小贷自 2013 年正式推出供应链金融服务以来，截至 2017 年年底，已为数千家企业客户累计提供了 1000 亿元的资金，其中中小企业商户是苏宁小贷服务的重点对象。针对零售云加盟商融资难的痛点，苏宁小贷量身制订了信用贷和抵押贷两种金融贷款服务方案，而且还能通过其大数据应用，精准定位加盟商的融资需求。其中，信用贷无须固定资产抵押，最高额度可贷 100 万元，还能够随借随还；抵押贷能够以房产抵押为增信，最高授信 1500 万元，最快 3 天放款，且支持无手续费续贷。

3. 融资租赁公司

融资租赁公司的主要业务模式有直接租赁和售后回租。融资租赁的标的物主要是大型设备、仪器、车辆、飞机等。供应链上的中小企业如果需要购买大型设备、仪器或车辆等，可以通过融资租赁公司以直接租赁的方式来购买标的物，然后分期付款支付租金，这样可以在很大程度上减轻企业短期的流动资金压力，而对于融资租赁公司来说，这种模式本质上是一种指定资金用途的定向贷款。

售后回租是把标的物卖给融资租赁公司以获得流动资金，然后企业再向融资租赁公司租赁标的物，有点类似于抵押贷款，但与之不同的是标的物的所有权发生了转移。如果企业短期急需一笔流动资金，可以考虑与融资租赁公司合作，以售后回租的方式，先签订买卖合同，将企业所拥有的设备、仪器、车辆等卖给融资租赁公司，获得流动资金。同时，企业与融资租赁公司签订租赁合同，回租标的物，每月支付租金，标的物的所有权归融资租赁公司，使用权在企业，仅仅只是标的物的所有权发生了变更，不影响企业的生产经营。到期后，如果企业一直正常还款，根据融资租赁合同约定，标的物的所有权再变更给企业。

据统计，截至2018年3月底，全国融资租赁企业总数已经超过了1万家，融资租赁合同余额约为6.3万亿元。

4. P2P 网贷平台

P2P 网贷平台通过对接有融资需求的供应链上下游中小企业和有投资理财需求的个人投资者，使得双方能够各取所需、合作共赢，同时平台也赚取了手续费。2014~2017年，P2P 网贷平台通过与保理公司、小贷公司、融资租赁公司合作，受让其应收账款权益资产包（P2N 模式），或者直接与核心企业合作，受让其上游供应商的应收账款（P2B 模式），曾一度掀起P2P 网贷平台积极参与供应链金融的热潮。

但自从2016年8月24日银监会、公安部、工信部、互联网信息办公室四部委联合发布《网络借贷信息中介机构业务活动管理暂行办法》，以负面清单形式划定了业务边界，并划出"十三条红线"，包括同一企业在同一平台借款不得超过100万元、平台不得开展类资产证券化业务等，很多 P2P 网贷平台因上述监管规定开始转型，逐步退出供应链金融业务。2018年3月，互联网金融风险专项整治工作领导小组下发了《关于加大通过互联网开展资产管理业务整治力度及开展验收工作的通知》（整治办函[2018]29号，以下简称"29号文"），要求未经监管部门许可，不得通过互联网开展资产管理业务。其中包括 P2P 网贷平台与保理公司、小贷公司、融资租赁公司合作开展的应收账款收益权转让业务,也被列入禁止行为。29 号文直接否定了网贷平台的 P2N 模式,绝大部分 P2P 网贷平台从此彻底退出供应链金融业务,目前仅有少部分平台直接与供应链核心企业合作,以应收账款作为还款保证,借款给核心企业上游的供应商中小企业,而且企业在同一平台借款金额不得超过 100 万元。

5. 信托公司

在当前金融强监管的大环境下,信托公司传统的业务模式和盈利渠道受到严重挤压,并且在脱虚向实、回归本源、服务实体经济的政策指引下如何寻找新的盈利增长点等一系列问题使其面临着巨大的业务转型压力。发展供应链信托,让信托公司走进供应链,给供应链上下游的中小企业提供优质的金融服务,是信托业服务实体经济的重要方式。企业与信托公司进行供应链融资的合作方式一般是由大型核心企业出面与信托公司洽谈,将其上游供应商的应收账款集合打包,然后由信托公司发行信托产品募集资金,受让应收账款资产权益。

【案例 5-6】云南信托

2017 年 3 月,云南信托成立"云南信托会泽 32 号农之家集合资金信托计划",发起农业种植贷款信托项目。在该项目中,云南信托将供应链的交易逻辑应用到了农业种植的产业链中,摒弃了传统的"五户联保",而由熟悉当地种植情况的核心企业推荐农户贷款,并利用其信用外溢为农户进行担保。农户从核心企业处购买所需农资,并与核心企业达成粮食采购协议。在该模式下,农民获得了便捷、安全的金融服务,核心企业扩大了农资销售量,资金方的权益

> 也得到了有效保证，开创了一举多赢的局面，曾经难度大、风险高的种植贷款在新模式下转型升级，变得高效、快捷、有保障。

6. 私募基金

近年来，私募基金行业取得了快速的发展。截至 2017 年年底，在中国证券投资基金业协会登记的私募基金管理人数量已达到 22 446 家，已备案的私募基金实缴规模达到 11.1 万亿元，过去 3 年年化增长率分别为 64.4% 和 95.3%。与此同时，通过供应链私募基金的形式进行融资也越来越受到供应链各参与方的青睐，据中国证券投资基金业协会披露的公开信息显示，2017 年新成立的供应链私募基金达 130 多只，以海尔为例，仅 2017 年就发行了 14 只供应链私募基金产品。

7. 证券公司

证券公司参与供应链金融主要是与核心企业或保理公司合作成立资产管理计划发行供应链 ABS（asset-backed security，资产支持证券），这种供应链融资模式近两年因受到监管及政策的支持，发展极为迅速。2016 年 7 月供应链 ABS "平安证券 – 万科供应链金融 1 号资产支持专项计划" 成功发行，尤其是在当前房企融资渠道大幅收紧的市场背景下，该模式成为众多房企青睐的融资工具。自 2017 年下半年开始，万科、碧桂园等几家排名靠前的房地产企业的供应链金融 ABS 项目相继落地；2018 年上半年，小米、蚂蚁金服、滴滴、比亚迪等新经济企业也开始尝鲜，令供应链金融 ABS 大放异彩，这也让不少券商资管开始布局和储备供应链金融资产（见表 5-3）。据《供应链 ABS 发展蓝皮书（2018）》中的数据，2017 年供应链 ABS 发行规模达 524.5 亿元，同比增长 3 倍以上，2018 年上半年发行量已经达到近 500 亿元，接近 2017 年全年的发行量，供应链金融 ABS 业务正成为银行、券商争抢的新宠。

表 5-3 新经济企业供应链金融 ABS 项目统计

发行企业	获批时间	获批额度	备注
小米	2018 年 3 月	100 亿元	为小米上游供应商提供新的融资渠道
比亚迪	2018 年 3 月	100 亿元	为比亚迪中小供应商提供融资新路径
蚂蚁金服	2018 年 3 月	20 亿元	通过受让上游供应商对合格商户的应收账款进行资产证券化，为上游供应商提供融资
滴滴	2018 年 3 月	100 亿元	为业务链条中向司机租赁车辆的汽车租赁公司提供新的融资通道

供应链 ABS 融资相比其他几种方式，融资利率比较低，仅略高于同等情况下同评级企业债券利率。以供应链 ABS 较多的某大型房企为例，该公司在 2017 年 9 月发行的期限 5 年的公司债利率是 4.54%，期限不到 1 年的供应链 ABS 的利率是 5.8%，略高于公司债。

核心企业如何切入供应链金融

供应链作为一个有机整体，上下游中小企业的融资瓶颈会给核心企业造成供应或销售的不稳定。对于大型核心企业来说，切入供应链金融业务，一是可以提升整个产业链的效率和市场竞争力，增强上下游中小企业与核心企业的合作紧密度，有利于构建稳健、共享的供应链利益共同体；二是可以为核心企业贡献新的利润增长点。从国际经验看，供应链金融业务是大型企业经营转型和业务多元化的重要布局。数据显示，UPS 和 GE 的供应链金融业务占总收入的比例分别达到了 17% 和 30%。

那么，核心企业应该如何参与供应链金融呢？相信这也是很多大型核心企业的 CEO、CFO、CPO 甚至 CMO 一直都在关注和思考的问题。一般核心企业参与供应链金融主要有两种方式：一是自建供应链金融平台，二是与第三方合作共建供应链金融系统。到底选择哪种方式，取决于企业的战略决策、业务规模以及金融人才储备等。一般来说，对于 500 强的超大型核心企业，自建供应链金融平台还是比较有必要的，可以充分利用核心企业的规模和资源优势，对于构建稳定的产业链利益共同体也非常有帮助。对于一般的核心企业，选择与保理公司或其他第三方平台共建供应链金融体系，从系统构建成本角度来说，可能会更加适合。

如果核心企业自建供应链金融平台，可以先设立保理、小贷、融资租赁、互联网金融平台以及私募基金公司等。由于这类金融公司的经营范围及业务流程均有所不同，核心企业可以根据业务和融资方式来选择设立。在资金来源方面，一般先由核心企业的自有资金进行放款，然后再由保理、小贷、融资租赁公司与银行、信托或证券公司合作，进行收益权转让或者资产证券化（ABS），也可以通过互联网金融平台或私募基金公司直接面向合格投资者募集资金。

【案例5-7】富士康布局供应链金融

"富士康科技集团将由纯制造型企业转型为六流公司——信息流、技术流与资金流为三虚；人员流、物料流以及过程流为三实。"这是富士康董事长郭台铭对富士康多元化战略的解读。在全球智能手机增长放缓的大背景下，富士康面临转型压力。近年来多元化布局下的富士康一直在深耕供应链金融，其旗下富金通金服已成为富士康科技集团转型布局的先锋，利用其在手机、计算机等电子产品加工供应链体系中的优势，撬动新的利润增长点，目前已拥有融资租赁、小贷、商业保理和私募基金等多项牌照，并计划未来几年内上市。

富金通金服背靠富士康集团做供应链金融，有两大优势：一是进行有效的风控。富金通金服非常了解这些供应链上游中小企业的生产实际情况以及订单情况，可以有效地控制风险。此外，更重要

> 的是富金通金服依靠行业多年的信息与资源优势，能从产业链大局出发，深入理解某个产业链的未来发展趋势，并以此来进行风险管理。比如，富金通金服能分辨出哪些产业链具有成长性，哪些可能会被淘汰。那些具有较好成长性的产业值得富金通金服提供贷款去开发与量产，而对于那些未来几年就将被淘汰的产业，如果富金通金服还提供资金支持去大规模生产，未来无疑风险会比较大。二是找到目标客户。富金通金服能从富士康集团的数万个一级供应商中，寻找到自身的目标客户，目前富金通金服客户中90%是富士康集团的核心供应商。对富士康集团来说，发力供应链金融，也有利于其自身的发展。因为基于产业链的金融服务，富士康集团可以进一步强化公司与产业链上众多企业的联系，构建稳健、共享的供应链利益共同体，从而提高生产资料流转的效率，同时提升整个供应链的竞争力。

什么是区块链

比特币与区块链的诞生及发展

2008年美国发生次贷危机，为了挽救经济，美联储疯狂开动印钞机印刷美元，随后危机波及全球，各国竞相放水，引发法定货币大幅贬值，大家手里的钱变得不值钱了。这时，网络上一个自称"中本聪"的人觉得各国比赛拼命印钞太不靠谱，那么有没有办法可以限制央行随意印钞呢？于是他想创建一种新型支付体系：大家都有权来记账，货币不能超发，整个账本完全公开透明，十分公平。然后他就在网络上发表了一篇论文——《比特币：一种点对点的电子现金系统》，文中描述了一个全新的数字货币系统——比特币，而比特币的底层技术就是区块链。

2009年1月4日，中本聪在位于芬兰赫尔辛基的一个小型服务器上，亲手创建了第一个区块，即比特币的创世区块（genesis block），并获得了第一笔50枚比特币的奖励，第一个比特币就此问世！当时正处于金融危机期间，为了纪念比特币的诞生，中本聪将当天的《泰晤士报》头版标题——"*The Times* 03/Jan/2009, *Chancellor on brink of second bailout for banks*"刻在了第一个区块上。

2010年5月22日，早期比特币爱好者美国程序员拉斯洛·豪涅茨（Laszlo Hanyecz）希望能用比特币交换实物商品，他在一个比特币论坛发帖说：希望用10 000个比特币交换2个价值25美元的比萨。一位英国志愿者与拉兹洛达成交易，获得了10 000个比特币的报酬。比特币第一次有了价格，在整个加密社区引起了很大的轰动。人们为了纪念这次交易，把每年的5月22日称为"比特币比萨日"，比特币爱好者聚在一起吃比萨庆祝。以现在比特币的价格计算，当时的两块比萨价值约4.5亿人民币，这估计是人类历史上最贵的比萨。

2017年12月，比特币达到历史价格高点，1个比特币兑换2万美元，而当初比特币换比萨时，1个比特币仅价值0.25美分。短短7年间，比特币价格上涨近千万倍，成为人类历史上的财富神话。

为了让大家能够更好地理解区块链，我们来举个例子：在一个200人的微信群里组织聚餐，如何统计报名人数？

传统的方法是大家在群里纷纷发言报名或者给活动组织者发私信，由组织者来负责登记、统计。这里的组织者就是传统意义上的"中心"。如果组织者把报名的名单记录在一个小本子上，而万一很不幸这个小本子弄丢了，那么所有报名的情况也就没人知道了。

另一种方法是让大家来接龙，每个人在上一个人的后面累加一个编号并填上自己的名字，最后就能记录全部的报名人员和人数，哪怕某个人的手机丢了，其他人手机上依然有名单，这就是区块链的概念。表5-4给出了上述两种方法的比较。

表 5-4　案例中微信组局与区块链技术的比较

微信组局	区块链
接龙发帖	链式数据结构
每个人发帖：上一帖内容＋下一个编号＋自己姓名	共识机制，根据严格的规则和公开的协议形成，可追溯
规则定下后，组员自行发帖	去中心化，没有任何一个参与者能控制操作
微信群中记录报名情况	点对点网络
每一位报名者都要发帖，群友手机里都存档	分布式，多点备份
每一个跟帖大家都能看得到，每个人都可以检查跟帖内容是否有误	共享账簿，信息透明
群里的人大多认识，每个人都有群昵称	通过加密技术验证陌生人，进行身份识别

区块链技术的优势

1. 去中心化

现代社会制度的核心机制是"中心化"，国家、政府、各类首脑机关、银行、交易所、公司等都是中心。"中心化"作为一种机制的优势有很多，可以提高效率、集合资源、建立秩序等，但中心化的缺陷也是显而易见的，因为中心化意味着对个体权利和选择机会进行限制，并且必然会对社会资源、财富分配等形成控制，从某种程度上来说可能会造成不公平、不透明。所以，去除"中心"的存在，实现社会成员与成员之间的直接互联，由成员共同并且自发地对公共事务实施管理，一直是人类的理想之一。互联网也是为了实现人与人的信息互联而被发明出来的，而区块链则在互联网的基础上更进一步促进互联的实现。

区块链是去中心化的、公开透明的交易记录总账，数据库由所有的网络节点共享，由使用人更新，由全体参与者共同监管，但是没有人能够真正拥有和控制这个数据库。数据采用分布式核算和存储，没有中心化的特定硬件或管理机构，区块链中的数据块由整个系统中的每个节点来共同维护，且每个节点都有一样的权利及义务。

2. 共识机制

"信任"是目前社会制度的另外一个"痛点"，尤其是陌生人之间的信任问题，导致了巨大的交易成本和社会资源的消耗。司法、货币、银行、公证、征信甚至政府的存在等，几乎都是为了实现社会成员的守信和相互信任，"中心化"在某种程度上也是因为"中心"更可信。但是，现行机制的效果并不十分令人满意，且成本巨大。在互联网上交易常因信用问题而发生纠纷，因为互联网虽将交易信息进行了传输，但无法实现信用的传递。

区块链解决了信任问题。区块链系统中的所有参与方无须相互信任就能够完成各类交易，因为区块链要求每个联结点在共同的账本上对每一笔交易进行分布式记账。每当交易发生之后，信息会被送达所有的"点"，各个"点"（即人）按照预设的规则独立地对交易进行确认。在整个过程中，信息公开透明，参与者资格权限完全对等。一旦信息经过验证添加到区块链上，将会永久地分布存储起来，除非能够同时控制超过 51% 的节点，否则仅对一个节点进行修改对数据库是无效的，各个区块所存储的交易记录可以无限追溯，随时备查且无法更改，想要作假根本无机可乘，信用由此得以确立。这种信用不依赖于某个权威或者某个"中心"，而是建立在"共识"之上，一种由所有参与者在完全平等和信息充分透明的基础之上达成的"共识"，并且由所有人共同维护和传承已经形成的"共识"。因此，我们通过区块链也就能够实现信用的传递和转移。

3. 可追溯性

可追溯性是区块链的核心价值之一，这是我们现有的金融体系不易做到的。银行贷款授信报告一定会载明借款人的资金用途，甚至还会核实借款人真正的资金去向，但实际上追踪贷款的真实投向是非常困难的，而人工核实耗时、费力、效率又低。因此，汇丰银行在研究报告中曾建议央行可以利用区块链货币的可追溯特性，执行货币政策的精准投放，这样可以避免货币宽松、大水漫灌所引发的通货膨胀问题，而且因为可以无限追溯，基于此类货币的抢劫、诈骗、洗钱、行贿、受贿等犯罪行为将无所遁形。所以，随着技术的进步和货币数字化交易方式的普及，由政府主导、基于区块链技术发行"法定数字货币"作为通货使用，减少或取消纸币的发行，将有可能会成为未来的趋势。

4. 智能合约

第二代区块链还引入了"智能合约"机制，在程序中加入了能够自动履行的合约，一旦约定的条件得到满足，系统将自动实施强制交付，所有的联结点也都会见证和确认这一过程，容不得违约行为的发生。

区块链的应用

1. 区块链在金融行业中的应用

（1）数字货币。

2015年厄瓜多尔率先推出国家版数字货币，不但能减少发行成本及增强便利性，还能让无法拥有银行资源的偏远地区民众通过数字化平台获得金融服务。突尼斯根据区块链技术发行国家版数字货币，除了让国民通过数字货币买卖商品，还能缴付水电费等。瑞典、澳大利亚及俄罗斯正在研讨发展数字货币的计划。英国央行正委托伦敦大学设计一套数字货币 RSCoin 进行试验，希望通过央行发行的数字货币提高金融体系的安全与效率。中国央行也在2016年1月召开了数字货币研讨会，提出争取早日推出央行发行的数字货币。各国央行均认识到数字货币能够替代实物现金，降低传统纸币发行、流通的成本，提高支付结算的便利性，提高经济交易的透明度，减少洗钱、逃漏税、贪污腐败等违法犯罪行为，提升央行对货币供给和流通的控制力。

（2）数字票据。

区块链的可追溯性及智能合约功能可以促使规范化的数字票据出现。

【案例5-8】R3CEV研发区块链票据交易系统

> R3CEV是一家总部位于纽约的区块链创业公司，由其发起的R3区块链联盟，至今已吸引了诸多国际银行巨头的参与，其中包括富国银行、美国银行、花旗银行、德国商业银行、德意志银行、汇丰银行、三菱UFJ金融集团、摩根士丹利、澳大利亚国民银行、加拿大皇家银行、法国兴业银行等。R3CEV联合以太坊、微软等共同研发了一套基于区块链技术的商业票据交易系统，有40多家银行已经开始参与测试试用。

（3）供应链金融。

供应链金融的痛点包括信息不够透明而难以对交易真实性进行确认、中间环节过多而产生高昂的操作成本、核心企业信用传递衰减而导致金融服务覆盖率不足等。这些问题恰恰是区块链的特性所能够弥补的，区块链架构下的供应链金融突破现有的第三方信用模式、业务模式和商业模式，存在着极大的创新空间。后面，我们将就区块链+供应链金融进行详细介绍。

2. 区块链在医疗行业中的应用

医疗行业里包括病历、检测报告等在内的很多病人信息都极具隐私性，并且需要进行一定的阅读权限保护。区块链可通过代码的开源和非开源，结合联盟链、共有链、私有链的选择来保护病人的隐私，同时生成基于区块链的电子病历、检测报告等，对于解决医疗纠纷也是很好的存证。

3. 区块链在公共服务行业中的应用

随着区块链技术的发展，区块链技术在政务服务领域中也开始得到了广泛的应用。区块链在政务中的应用，解决了数据开放共享所伴生的信息安全问题，消除了社会大众对隐私泄露的担忧，在提高政府治理能力的同时，可以确保公民的个人数据不被滥用、公民的合法权益得到保障，在实现发展的同时又能够保证信息安全。

除了以上行业之外，区块链在其他行业也有着广泛的应用，比如艺术品、奢侈品、收藏品等的防伪，知识产权的保护，零售业及销售，社交网络等。从理论上讲，我们可以将现实生活中互联网可及的所有事物都装在一个巨大的区块链中，从而彻底解决平等、公平、失信、犯罪等一切问题。

目前，比特币每秒能够执行的交易只有寥寥几笔，而中心化机制的支付宝每秒交易频次可达几十万笔。分布式记账、需要所有的"点"形成共识，以及对各个参与者巨大的数据储存要求等，都决定了区块链的效率极其低下，目前很难满足现实交易的需求，所以区块链目前的应用场景并不多，实用价值尚有待提升。但技术从不因人而停滞，人却因技术而解放。未来，随着区块链技术的不断进步，信息传输速度和软硬件性能的不断提高，相信区块链终将克服所有障碍，从而迎来开发和应用的全面爆发，其所蕴含的全新的制度机制可能将重新定义互联网甚至人类社会。

供应链金融 2025：区块链 + 供应链金融

供应链金融的瓶颈

在中国，从供应链金融 1.0 的"1+N"模式到如今供应链金融 3.0 的"N+1+N"模式，已经有近 20 年的发展了。随着供应链金融规模的快速增长以及模式的不断创新，参与交易节点的类型与数量剧增，关系更为复杂，而融资链也越来越长，单笔融资的金额也屡创新高，信用风险在不断累积，金融机构的压力也与日俱增，供应链金融业务面临以下几个方面的瓶颈。

首先，供应链金融的发展受制于整个供应链行业对外的低透明度。

供应链所代表的是商品生产和流转所涉及的所有环节，包括从原材料到成品制成再到流通至消费者的整个过程。目前的供应链可以覆盖数百个阶段，跨越数十个地理区域，且普遍缺乏透明度，因此金融机构很难去验证及确认供应链各环节的真实性。

例如，近年来国内频频爆发票据业务的信用风暴。票据业务在创造了大量流动性的同时，也因为中间操作环节太多，涉及较多中介，流程不够透明，滋生了大量违规操作和欺诈行为，陆续有多家商业银行的票据业务事件集中爆发。2016年年初农业银行北京分行被曝出39亿元的票据大案，中信银行兰州分行发生9.69亿元票据无法兑付的风险事件，天津银行上海分行票据业务发生涉及金额7.86亿元的风险事件，宁波银行深圳分行员工违规办理票据业务，涉及金额高达32亿元，龙江银行冒名办理贴现6亿元等。从已公开的票据事件来看，仅2016年票据风险事件涉及的总金额已经超过了100亿元。

其次，高居不下的交易成本。

供应链金融涉及借款企业、应付账款方、增信机构、保理机构的多方处理，花费时间长、成本高，相比传统借贷更为复杂与多样化，信用的构造更为精密与立体化，一般至少需要数周时间才能完成整个业务流程，且中间手续费用高昂。为了保理一笔应收账款，供应链金融公司通常要进行大量的调研，并在此基础上进行风控，如果标的金额太少，息差收入都难以覆盖成本。

最后，多层级信用传递衰减。

供应链中往往有多层供应、销售关系，但在传统的供应链金融中，在核心企业的信用背书模式下，如图 5-6 所示，核心企业的信用往往只能覆盖直接与其有贸易往来的一级供应商和一级经销商，无法传递到更需要金融服务的上下游两端的大量二级、三级乃至链条尾端的多级供应商、经销商，传统的供应链金融服务覆盖区域仍非常狭窄。

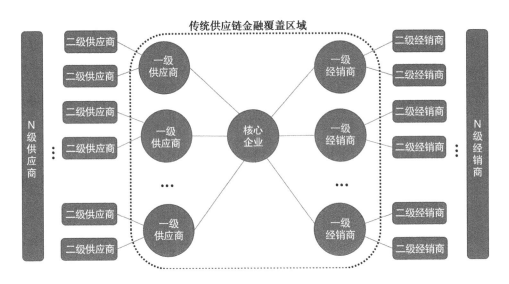

图 5-6　传统供应链金融信用覆盖区域

区块链应用于供应链金融的三大价值

区块链的去中心化、可追溯性、共识机制、安全传输、智能合约等特性使之在供应链金融领域中具有独一无二的优势，可以帮助我们解决传统供应链金融的很多问题，可为在复杂场景下的供应链融资业务打造高性能与高信用的应用环境，促进商业模式的创新以及商业信用的延展。这些创新应用千变万化，或许在现在看来，有很多应用我们都难以想象和预测。我们尝试从下面三个角度，详细介绍区块链应用于供应链金融的商业价值。

价值一：区块链大幅提高了整个供应链的透明度。

类似于 RFID 的物联网技术很早便被应用于提高供应链的透明度，区块链则能够确保物品从物理世界向虚拟世界映射的透明度和安全性。由于区块链的分布式数据库是全网共有的公开账本，所有参与者使用一致的数据来源，且数据无法被篡改，因此可以大幅提高供应链的透明度。区块链解决了供应链上采购、生产、物流、销售、仓储等各个环节中的信息不透明、信息孤岛的问题，这对于供应链金融具有十分重要的意义。供应链金融围绕核心企业覆盖其上下游中小企业，需要商业银行、保理公司等资金端的支持，以及物流、仓储、企业信息技术服务、金融科技服务等相关企业的参与。信用是金融的核心，同时在多主体参与的环境中，信用也是协同合作的基础。由于区块链技术为供应链提供了实时、可靠的交易状态视图，有效提高了整个供应链的透明度，各参与主体间的信用得以高效传递，风险将被极大地降低，供应链金融机构将据此重新评估、构建风控模型，各参与方均将从中受益，最终将有助于建立一个更可靠和稳定的供应链金融生态系统。

目前，已经有尝试利用区块链技术来改善供应链管理的先例。例如，Wave 公司已与巴克莱银行达成合作协议，将通过区块链技术推动贸易金融与供应链业务的数字化应用，将信用证与提货单及国际贸易流程的文件放到公链上，通过公链进行认证与不可篡改的验证。基于区块链的数字化解决方案能够实现点到点的完全透明化，提高处理的效率并减少风险。

【案例 5-9】Everledger 通过区块链记录钻石的流转

一家伦敦的区块链初创公司开发了一个名为 Everledger 的项目，利用区块链技术登记钻石身份并记录钻石流转过程，主要是为了解决珠宝销售行业保险欺诈的问题。Everledger 通过和全球各地的钻石鉴定机构合作，将每颗钻石的颜色、切工、纯净度、克拉及其他一些特征数据在区块链中记录下来，并为每颗钻石生成一个独立的编

> 号，通过区块链记录每颗钻石的流转过程。当钻石不幸被盗时，保险公司把在区块链上把该钻石标记为"被盗"，此时该钻石无法再次投保，也无法被抵押，同时也为执法机构追赃提供了便利。

价值二：区块链大幅降低了整体供应链金融的交易成本。

区块链技术可以弥补不同交易主体之间的信任鸿沟。通过区块链技术的应用，供应链上的所有参与者都可以将所有数据放到区块链上，基于区块链的运行机制，这些数据无法被篡改，且对所有参与者提供完全平等的访问权。一旦出现问题，当事方可以通过区块链技术快速访问目标数据，并且这种访问基于高度的信任关系以及对于所有数据记录的可追溯性和可验证性，这对于处理交易纠纷非常重要。同时区块链的智能合约功能可以很好地促进交易的达成，交易双方可以事先约定合同的支付条款，例如"当满足条件 X 时，买方将支付 N 给卖方"，通过这种方式，在给予交易双方更加个性化的服务的同时，区块链也实现了价值的交换。区块链的这些特性可以大大降低信用成本以及人工审批成本，让交易得以高效率成交，从而大幅降低供应链金融的交易成本。

【案例 5-10】易见区块链供应链金融服务系统

> 2016 年，易见股份与 IBM 中国研究院一起开发了易见区块链技术应用系统，这也是国内首个区块链供应链金融服务系统，目前已投入运行。该系统是在底层 HyperLedger 开源区块链平台上搭载 IBM 的企业级区块链解决方案，因此不仅仅是针对制造业的工业场景，在最上层还支持不同行业的应用场景。通过区块链技术的赋能可以把企业的收款账期缩短到货物交付当天或隔天（T+0 到 T+1），

> 也就是说供应商只要在区块链电子账本中输入交货信息就能马上拿到货款,极大地缩短了原来的T+180天供应商付款周期。

价值三:区块链可能将催生新的供应链金融商业模式。

区块链技术不仅仅是一项技术变革,它与供应链金融的结合,去除了信用壁垒,使信息透明化,大幅降低了交易成本,深刻地改变了供应链金融。我们相信,未来随着区域链技术的不断成熟以及应用的逐步落地,区块链很可能将会催生出新的供应链金融商业模式。

比如在传统的供应链金融体系下,我们会将整笔应收账款进行抵押或者转让,但是在区块链+供应链金融模式下,我们可以将应收账款确权后进行拆分、流转,根据不同的节点状态建立风控模型,进而产生不同的金融产品。同时未来随着可追溯能力的增强,所有的风控模型将根据供应链的实时状态进行数据更新,对标的资产或者是借款人进行实时、动态评估,以更加有效地控制风险。

【案例 5-11】

> 张三经营一家建材销售店铺,在建材市场的销售旺季到来之前,作为下游的终端店铺想提前囤点货,可是他手上资金紧张,于是他找到了供应链金融服务平台。平台的业务人员为他提供了多种金融服务方案,这些方案都是为张三量身订制的,因为第三方金融机构已经通过平台提供的 API 接口了解了关于张三的足够详细的个人和商业信息,例如个人征信记录、店铺信息、进货流水、营业收入等。上述信息都是通过区块链存储的,基于张三在区块链实时的数据信息,第三方金融机构对他做了一个信用评级,并给予他一定额度的

授信。张三通过触摸屏选择了最适合的方案，触摸屏读取了他的指纹，系统通过区块链验证了他的身份，然后系统自动生成了一份电子版的借款协议。为了控制风险，平台还自动为张三的货物投保了财产险。几分钟后，张三的银行账户收到了金融机构的放款，并且系统设置每月自动从张三的银行账户向放款的金融机构直接划扣还款，这些支付行为通过智能合约触发。

一个月后，张三购买的一批建材在运输途中丢失，安装在运输车外箱上的智能传感器通过区块链发出了丢失通知。供应链金融服务平台第一时间收到了丢失信息，并通知了张三。张三非常担心，不知道该怎么办，货丢了，借款该怎么还？他到达供应链金融公司后意外地发现，索赔已经通过区块链自动向保险公司提交了，而且赔偿金也已经由保险公司支付给了供应链金融公司，丢失的这批建材的货款他也不用再还了。

区块链+供应链金融的三大模式

供应链金融在不断的发展过程中，其模式也在不断演变。除传统的商业银行+核心企业模式外，越来越多的主体如电商平台、互联网金融平台、供应链软件提供商、保理公司、金融科技公司等也参与其中，同时因参与主体角色的不同而形成不同的业务模式，而区块链在应用于供应链金融时也基于这些业务模式形成了三大基本模式。

1. 核心企业自建区块链底层

对于供应链来说，核心企业就像"定海神针"，起到了贯穿产业链的作用。核心企业几乎掌握了所有上下游企业的交易数据，手上握着所有的应收、应付账款，兼具天时地利人和，天生便具有从事供应链金融的优势。

比如，海尔集团、富士康等行业巨头都成立了自己的供应链金融公司，并试图用互联网的方式提高效率，改造升级供应链。而区块链技术的应用可以使企业更好地对供应链信息进行记录和追溯，使其信用价值逐步延伸并传递至传统供应链金融所覆盖不到的链端长尾客户群，帮助其获得更多的融资机会。

大型核心企业基本都已配置 ERP 管理系统，可以在供应链金融应用系统基础上嵌入底层区块链系统，以数字凭证的方式，对应收账款、存货、预付账款等进行数字登记和保存。资金提供方如商业银行、保理、互联网金融、小贷、融资租赁公司等金融机构通过区块链供应链金融系统进行线上确权与放款，可以大幅提高审批效率。

以应收账款融资为例，一级供应商与核心企业产生应收账款后，一级供应商将应收账款记录到区块链中，生成对应的数字资产。当一级供应商与二级供应商产生赊销关系时，其可将与核心企业之间产生的数字化应收账款债权进行拆分，然后流转至二级供应商，乃至 N 级供应商，通过区块链，使得基于核心企业的数字化应收账款债权得以拆分，并在围绕核心企业的多级供应商和经销商之间进行流转，有效解决了传统供应链金融中信用多级传递衰减的问题，进而解决了供应链长尾端中小企业融资难的问题。区块链的应用提高了整个供应链的资金流动性，增强了上下游企业对核心企业的黏性，进而提升了核心企业在市场上的竞争力。图 5-7 给出了应收账款数字化拆分流转示意图。

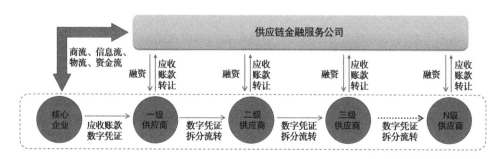

图 5-7　应收账款数字化拆分流转示意图

在上述案例中，区块链技术的作用主要包括：①提高信息透明度，尤其是对信息流和资金流等的变动，供应链上的所有相关参与方皆可进行记录以及追溯查询，公开透明；②债权拆分与流转，通过区块链智能合约的约定规则，使得债权可以进行拆分，并在不同层级的供应商之间进行流转，同时确保债权的真实性和不可篡改性；③延伸信用链条，经确权后的应收账款债权层层流转，使得核心企业的信用可延伸至供应链长尾端的多级供应商，间接为多级供应商的融资增信。

2. 供应链金融平台内嵌区块链底层

供应链金融平台开展业务多是与核心企业、保理公司、融资租赁公司、电商平台、物流平台等进行合作，区块链技术的应用对于供应链金融平台的风控及效率的提升作用比对核心企业的作用更为显著，因为此类平台有相当一部分业务来自离核心企业较远、核心企业不愿意担保或者核心企业信用无法覆盖的供应链长尾端中小企业。对于这类企业，供应链金融平台需要耗费大量的人力、物力去进行调研、风控，审批效率低，成本高，然而这类企业的数量和融资需求在整个供应链中又占了非常高的比例，是供应链金融平台一直想做但又很难做的业务，而区块链技术的应用很好地解决了这些问题。

在实际操作中，部分供应链金融平台仍然采用抵质押物的形式进行风控，而使用区块链技术，可以加强对抵质押物真实性的验证和流转情况的记录，从而减少对抵质押实物的依赖，简化风控流程，提高审批效率。

3. 块链供应链生态圈模式

该模式主要为具备较强互联网信息技术或区块链技术优势的第三方，如 ERP 系统服务商、区块链应用公司等，发起设立的区块链供应链金融服务开放平台，将整个供应链上涉及的核心企业、融资企业、资金方、数据信息服务方等进行连接与整合，共享数据与合作，共同维护区块链云节点，形成完整的区块链+供应链金融生态圈。第三方平台利用自身的区块链和供应链系统技术优势，协调生态圈中各方利益与诉求，实现供应链金融各参与方的数据共享，并维护数据安全。

【案例 5-12】布比科技

布比科技是国内一家成立于 2015 年的区块链创业公司，已于 2016 年完成了 3000 万元 Pre-A 轮融资，2017 年 5 月在贵阳发布了其区块链+供应链金融产品——布诺。布诺是布比区块链自主研发的贸易资产管理平台，在实名验证、资产管理、在线融资、资金管控、数据溯源、账户系统六大功能的基础上，为用户提供供应链金融服务。它通过释放并传递核心企业信用，为中小企业供应商带来融资的可行性、便利性；同时为金融机构提供更多投资场景，提高碎片化经济下的资金流转效益。贵阳市与布比区块链还签署了共建协议，宣布创建"贵阳布比区块链实验室"。

【案例 5-13】趣链科技

2018 年 8 月，由杭州区块链领域独角兽趣链科技提供区块链技术支持的"浙商链融 2018 年度第一期企业应收账款资产支持票据"（以下简称"浙商链融"）成功发行。作为国内首单应用区块链技术、直接以企业应收账款为基础资产的证券化产品 ABN（asset-backed medium-term notes，资产支持票据），浙商链融本次发行金额 4.57 亿元，发行期限 354 天，项目信用等级为 AAA，发行利率为 4.9%，由中铁信托担任发行管理机构，浙商银行为主承销商。首单的基础资产

> 囊括远景能源（江苏）有限公司等数家身处智能制造、电子通信、医用科技等行业的核心企业签发给其上游供应商的应收账款债权。通过该平台，企业签发及承兑的应收账款，既可以作为购买商品或劳务等的交易对价，支付给平台的其他用户，也可以通过转让或质押来获取资金，实现应收账款的无障碍流转和变现。

企业开展区块链 + 供应链金融的三点建议

区块链技术虽然对于供应链金融有着天然的补充优势，但区块链技术从诞生到现在也才只有 10 年的时间，无论是技术成熟度还是实际应用均还有很多不足。从战略角度考虑，供应链相关企业应对区块链技术保持足够的关注。区块链无疑将是供应链金融下一步的方向，但企业是否需要布局区块链技术，抢占市场先机，还是要结合企业自身的情况，做出正确的选择，笔者在此总结了三点建议。

（1）区块链技术应用尚不够成熟，一般的供应链企业可先保持关注，待时机合适时再考虑参与。区块链技术与供应链金融的结合在初期并不一定能带来直接的经济效益，首先其应用还处于小范围和小规模的试点阶段，其技术应用尚不够成熟，且自主研发需要投入大量的人力、物力和资金成本。在其技术应用成熟前，探索式的研发可能会走很多弯路。没有足够的实力支撑，探索研发之路未必能走得下去。行业巨头公司基于其保持市场领先地位的战略考虑，可以进行探索尝试。对于一般的企业来说，待区块链技术应用相对成熟后再布局也来得及。

（2）不具备自主研发能力或实力不足的供应链相关企业可考虑直接运用现有区块链开源技术，以减轻研发压力。目前市场上有多家区块链公司，不管是开源（如布比科技）还是未开源（如趣链科技），均已陆续开始为供应链金融企业提供底层区块链技术。有布局区块链想法但自主研发实力不足的供应链相关企业可以考虑和区块链平台合作，以提高研发效率。

（3）研发区块链供应链金融系统时，企业应考虑到各参与方的协同度。区块链技术的应用基础之一就是共识机制，即需要多个节点的参与者互相配合和认同。例如，需要核心企业对应收账款债权进行确权，需要物流服务平台对物流信息进行记录和确认等。因此，企业在布局区块链供应链金融业务时，需要通盘考虑各参与方的协同度，以确保供应链上各业务操作环节能够良好运转。

本章执笔人：张晓星，中智汇聚（北京）投资管理有限公司 CEO，高级国际财务管理师。

第 6 章

从 IT"信息时代"到 DT"数据时代"
——采购 4.0 数字化转型新动能

---- 导 语 ----

人类社会正在经历从 IT 信息技术到 DT 数据技术，从信息时代到大数据时代的转变。如今，数字化转型已不再是一个时髦的词，而变成了实实在在的行动。摆在企业面前的挑战是，如何加快数字化转型步伐，带动商业模式创新，实现新增长。

人们把数字化之前的叫"传统"，之后的叫"新"，如"新零售""新制造"等。那么，"新采购"会是什么样的呢？采购部门以前面临的问题是要不要转型，现在是不能不转型，那么该如何转型呢？

互联网时代的"大云物移智"（大数据、云计算、物联网、移动互联网、人工智能）对企业的采购将产生颠覆性的影响。其中，云计算帮助企业方便地通过公有云或私有云进行相关服务的增加、使用和交付；随着 5G 时代的到来以及 VR 等新技术的运用，物联网将帮助企业实现物物相连，实现生产线、产品的信息交互，提升产品和质量的可追溯性；移动互联网将帮助实现企业员工之间以及员工与顾客、供应商之间的高效协同；大数据分析更是为企业管理层提供数据驾驶舱，帮助制定采购决策；认知计算和人工智能将帮助企业进行前瞻性、智能的供应商管理、采购管理、风险管控。

数字化浪潮将冲击所有行业，改变传统的业务模式和行业态势。企业只有变得更加灵活和高效，才能在新时代中生存与发展下去。数字化转型刻不容缓，但在数字革命浪潮中，采购部门的数字化进程已远远落后于其他部门，采购部门还没有得到足够的关注和投资，这一局面必须改变。

领先的企业已经开始启动数字化采购转型的工作，为数字化转型制定实施路线图；领先的解决方案提供商正投入大量资源开发数字化采购产品和解决方案。

为什么一定要进行数字化转型

1. 从采购人关注热点看

这两年我开了一门课叫"互联网＋时代采购创新与降本"，非常受欢迎。这门课聚焦于两个问题：第一，企业转型升级，采购技能如何提升？第二，降本手段用尽，采购管理如何创新？

为什么开这门课？原因在于自 2015 年起我陆续受邀到一些论坛做演讲，邀请单位要求我作为采购专家谈谈"互联网＋"，谈谈"互联网思维"

背景下采购与供应链领域的创新与挑战。演讲的内容是采购，但邀请的单位居然都是网络科技公司，有阿里巴巴这样的大公司，也有铸造网这样的新锐公司。这让我陷入深思：传统公司在犹豫要不要"+互联网"的时候，"互联网+"已经主动找上门了。面对数字化，很多采购人甚至非常焦虑，慨叹："采购的路，还能走多久？"

2. 从政府声音看

2016~2018年，连续3年政府工作报告提出"新动能"，强调中国经济必须进行新旧动能的转换。我参阅了2016~2018年政府工作报告以及各种新闻报道，把与"新动能"有关的高频名词整理了一下，大约有：互联网+、大众创业、万众创新、共享经济、大数据、云计算、物联网、工业4.0、新材料、人工智能、集成电路、生物制药、第五代移动通信（5G）、载人航天、深海探测、量子通信、大飞机、高铁网络、电子商务、移动支付、智能生活、新技术、新业态、新模式、新能源汽车、新型城镇化、数字经济、平台经济、高端消费、新零售、绿色经济、创意产业。

核心关键词是"互联网+"。

众多专家表示，中国叫"互联网+"，国外叫"数字化×"。更有人解释，"互联网+"强调的是跨界融合，"数字化×"强调渗透到方方面面的乘数效应。

3. 从权威调研数据看

2018年招商银行与安永发布了一个白皮书《2018中国企业财资管理白皮书——数字化时代的价值重塑》，其中有这样的表述：在技术上经历电算化、信息化和互联网化三个转变后，中国经济已进入数字化时代。2016年中国数字经济总量已达到22.6万亿元，占GDP比重的30.3%。全球知名调研机构IDC曾对2000位跨国企业CEO做过一项调查，指出全球1000强企业中的67%、中国1000强企业中的50%都将把数字化转型作为企业的战略。到 2020 年中国 1000 强企业的 50% 将把数字化转型作为企业的战略核心之一；超过 25% 的制造企业表示，到 2020 年其收入中将有超过 50% 来自数字化。白皮书认为，数字化将成为企业的一种连接、积累、分析、学习的能力，带来的不仅是技术手段的升级，更是管理模式的升级乃至重塑。麦肯锡 2016 年对全球各地首席采购官的调查结果显示，如果采用端到端的数字化采购计划，企业每年可节省 20%～30% 的成本，交易性采购可减少约 30% 的时间，而且价值漏损将减少 50%。那些已经采用更为成熟的商业和需求分析工具的首席采购官均确信，数字化采购是开启价值增长的钥匙。麦肯锡认为，数字化采购包含两大核心要素：识别和创造价值以及防止价值漏损。

可见，对于传统企业尤其是传统的中小企业而言，数字化转型已经不再是一道选择题，而是一道关乎生存的必答题。面对来势汹汹的"互联网+"、数字化，从趋势上看，如果你不能妥善应对，很可能印证那句话：起初看不见，之后看不起，然后看不懂，最后跟不上、来不及。

什么是数字化转型，转什么，往哪里转

最近几年，数字化已悄然代替了信息化，究竟什么是数字化，对于这个问题不同的人可能有不同的理解。《现代汉语词典》关于数字化的解释是："指在某个领域的各个方面或某种产品的各个环节都采用数字信息处理技术，即通过计算机系统把文字、图像等不同形式的信息转换成数字编码进行处理。"

当世界上第一台计算机诞生后，人们采用了很多软件把日常业务结构化存储起来。我们把这些录入的数据称为信息。如今，随着人工智能、大数据、云计算等一系列新兴技术的发展，现实世界的变化可以同步反映到

虚拟世界中，虚拟世界也可以发出指令改变物理世界。我们把物理世界的活动在计算机中的表示称为数字化。简单地说，数字化就是将人间的事情变成计算机懂的 0 和 1。

那么，什么是数字化转型？它是指利用数字化技术，如移动、Web、社交、大数据、人工智能、物联网、云计算、区块链等，推动企业组织转变业务模式。采取数字化转型的企业，一般都会去追寻新的收入来源、新的产品和服务、新的商业模式。因此，数字化转型是技术与商业模式的深度融合，数字化转型的最终结果是商业模式的变革。例如，前面提到的 B2C 到 C2B 可以解决采购人普遍烦恼的"小批量多品种"问题；《中国制造 2025》中提到的制造业服务化可以通过数字化实现智能制造，为企业创造竞争优势，满足客户多方位的需求。与数字化转型相关的是数字化优化。数字化优化是利用数字化技术提升现有业务的运营效率，改善用户体验，使企业在现有业务模式下获取更大的收益，这也是当下很多企业正在实施的措施。后续提到的数字化转型既包含数字化转型，也包含数字化优化。

新动能表现为以创新驱动、技术进步、消费升级为牵引，以知识、技术、信息、数据等新生产要素为支撑，以新技术、新产业、新业态、新模式为标志，以数字经济、智造经济、绿色经济、生物经济、分享经济等为主要方向，是一种不同于传统的物质生产、流通和交换模式的新生产力。"新旧"之分就是，依靠劳动力、资本、土地这些传统要素的投入，转向更多地依靠科技、信息、数据方面的投入。

什么是"新采购"

理解了新动能、数字化、数字化转型后，我们来定义一下"新采购"。

2016年有人提出5个"新"：新零售、新制造、新金融、新技术、新能源。有的人认为这是"胡说八道"，有的人觉得"狼来了"。不管什么观点，互联网实实在在地冲击着各行各业，我一直在想，未来的"新采购"会是什么样的？

此处我给"新采购"下个定义，与大家一起探讨：

> 新采购，以互联网为依托，以供需精准对接、满足客户多样化需求为目的，运用大数据、物联网、人工智能等数字化技术手段，对采购全过程进行重塑，进而形成组织间高效协同的采购管理新模式。

可见，数字化采购就是指通过大数据、云计算、物联网、移动互联网、人工智能、区块链等数字化技术，打造数字化、网络化、智能化、生态化的采购管理，将采购部门打造成企业价值创造中心，而不仅仅是在"买东西"时保证供应。

注意，这里有两个关键词——"精准对接"和"高效协同"，我认为新采购乃至供应链要解决的就是这两个问题，就是解决供需之间怎样精准对接，组织之间如何高效协同。

在现有市场经济下，由于供需之间不是精准对接，企业对于谁需要产品、需要多少、何时需要，往往不清楚，所以生产带有盲目性，再加上组织之间也不是高效协同的，所以对市场反应有滞后性，造成很多浪费。传统计划经济虽然尝试解决这两个问题，但由于信息技术落后使得需求信息获取难度大，信息获取链条长、失真严重。另外，由于工业时代甚至农耕时代的组织架构管理手段所产生的影响，"屁股决定脑袋"导致严重的"企业沟"和"部门墙"，企业间相互猜忌，部门间本位主义现象严重，使得组织间很难高效协同。这些本质上就是人的因素。那么，数字化时代会如何解决这个问题呢？简单说就是，用"IT"管"人"，所有人都在为IT工作，用IT解决人的协同问题。

【案例 6-1】

在 2018 年 5 月 31 日全球智慧物流峰会上，阿里巴巴集团学术委员会主席曾鸣提出，未来"协同效应"将成为企业竞争中新的价值来源。他认为，过去 20 年，所有企业的价值源泉是"网络效应"。网络效应简单说就是使用的人越多，这个网络的价值越大。但到了今天，网络效应已经无法再带动巨大的社会价值创新，能带来价值创新的新游戏规则就是"协同效应"。协同效应将是一种全新的竞争机制。

那什么是"协同效应"呢？曾鸣下了一个定义：协同效应的本质是相对于工业时代比较传统的、封闭的、线性的供应链管理体制而言的，它是指整个社会用一种多角色、大规模、实时的社会化协同方式，基于网络创造新的价值。阿里巴巴认为商业的未来就是智能商业，而智能商业有两个核心组成部分，分别是网络协同和数据智能。

网络协同是社会化分工和合作的方法，是一种合作机制，它创造的核心价值就是"协同效应"。协同效应能产生以下三个方面的价值。

第一，信息的分享从串联走向并联。传统的供应链信息是串联式的、单向的，而互联网技术最核心的就是可以同时处理海量信息，实现海量人群的实时互动。

第二，供应链体系从相对封闭的状态走向开放。企业供应链从原来传统的控制和管理，走向分工、合作和协同，可以实现实时动态的全局优化，可以形成个性化、低成本、快速度等全新的价值组合。

第三，管理模式从传统管控走向协同模式。管理人数从 1000 到 1 万甚至走向 10 万的时候，管理的效率是急剧下降的。想让 1000 万快递物流人员发挥更大的价值，就需要用新的方式去运营一个社会化的协同网络，而不能再用传统的方法去管理。

数字化采购应用场景举例

1. 目录化采购

数字化采购将通过目录化采购，构建基于品类的自动化采购流程，从而帮助企业加强全流程控制，实现差异化品类分析，并在复杂的支出类别中发现可持续的成本节省；结合最佳实践和企业采购品类自定义编码，建立全品类目录化采购，从根本上规范采购流程；基于采购目录建立精细的品类管理模式，实现差异化品类分析，优化各采购品类的管理策略。

最常见的就是网上商城模式，如大家熟知的京东商城、中石化的"易派客电子商务平台"等。

【案例6-2】震坤行工业超市推出的"智能小仓库"

> MRO市场呈现上下游分散、SKU多、多品种小金额以及蚂蚁市场等现状，同时还伴随"不透明、成本高和呆滞多"等行业特点。震坤行工业超市自主研发了一个在线智能仓储管理系统——智能小仓库。智能小仓库被直接放到企业工厂内部。震坤行工业超市根据企业情况，与企业确定一个商品目录，把产品陈列在这些小仓库里，成为工业品超市。
>
> 由于工业品品类存在大量长尾，有些品类需要整合，形成规模，有些品类需要协同，引入更多的合作伙伴；企业应减少工业品采购

环节的层层分销，促使供应链渠道扁平化，形成规模效应。此外，工业企业还需要大量的专业服务，协同更多合作伙伴，为供需上下游创造更好的价值。发展至今，震坤行工业超市开始从自营超市模式转向协同网络平台模式。越来越多的合作伙伴加入，为客户提供更多的内容、产品、服务。同时震坤行工业超市围绕客户体验，做好成本结构和专业服务，促进更多业务量，加强第三方合作，提供更多的品类、更好的服务，如图6-1所示。

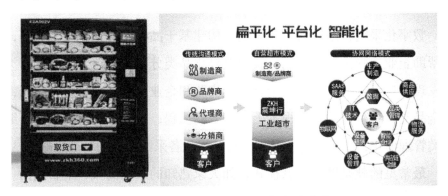

图6-1 震坤行工业超市的"智能小仓库"

从横向上看，平台具有网络协同效应，通过扩充品类和区域，厂家入驻，覆盖更多行业，结合更多合作伙伴，联合供需上下游，创造平台价值；从纵向上看，产品和服务实现二元统一，在产品的价值以外提供工厂所需的更多价值，比如设备修理、供应商管理、联合库存管理等。

2. 采购到发票自动化

数字化采购通过批量执行重复性任务、自动触发请购及审批流程，实现核心的采购到发票管理活动的自动化和标准化，帮助企业全面提高采购效率，持续降低管理成本。企业应用自动化技术，消除重复性手动操作，使员工专注于高附加值工作，以创造更大价值；实时感知物料需求，并自动触发补货请购，从而简化和智能化请购流程；结合最佳实践和企业现有流程自动分配各环节审批任务，大幅缩短审批周期，提高效率。

【案例6-3】上海好采道公司推出的"即采"

即采是互联网+云供应链管理方案，是专为核心企业与供应商建立的协同云管理平台。基于互联网 SaaS 服务，企业可以随时需要随时在线开通该类平台，立即对供应商所有的业务往来进行实时电子化处理，一键知晓供应链上的所有业务状态。相比人工作业方式，该模式可以提高作业与管理效率 90% 以上，实现供应链管理透明化、可视化、协同化。此模式是 2.0 版，主要解决买卖双方信息传递效率低、传递失真问题，可用于订单跟催、收货、对账，能解决采购非常烦恼的一个问题——订单变更管理，如图 6-2 所示。

我的采购	新增订单/采购收货/采购退货/订单变更/公告文档/喷头/结算单/预警
我的销售	文档接收/订单接收/交货单维护/订单退货确认/变更管理/对账结算
基础数据	部门/仓库/物料信息/供应商信息/客户/计量/货币/属性/属性组
用户中心	需求申请/问题反馈
系统管理	用户管理/系统参数设置/用户参数设置/企业邮箱设置

图 6-2 上海好采道的"即采"

3. 阳光采购与风险合规

很多企业推动阳光采购，采购全过程在信息系统里进行，全程留痕，便于审计和跟踪。数字化采购通过构建风险与合规管理生态系统，应用数字技术，自动追踪采购行为和异常情况，帮助决策制定者实时洞察采购风险与合规性；将风险与采购管理无缝嵌入采购流程，从而自动监控各环节采购行为和审计跟踪，帮助企业快速洞察风险与机遇，有效控制采购风险；也可以应用机器人流程自动化技术，自动化审计跟踪，提升审计效率。

4. 付款与供应链金融

数字化采购能够应用智能合约技术自动触发付款流程，消除手动验证，未来可以结合区块链分布式记账技术，在智能合约触发付款后，执行自动化安全付款，实现精准触发付款，推动付款管理更加安全与高效。

根据企业需求提供供应链金融功能，应用智能合约技术实现灵活按需融资，从而增加企业自由现金流，释放运营资本；结合动态折扣功能，最大限度享受供应商折扣，从而降低采购成本，实现更高的收益率。

数字化采购 4.0 转型路径图

数字化转型刚刚起步，从某种程度上说是"将起未起"，如飞机在滑行阶段。很多领先的企业开发了数字化采购产品，但我觉得有些"碎片化"，解决的都是某个"点"的问题，最多是某条"线"的问题。就像我们买家具，今天椅子坐着不舒服，就买个沙发，明天看书不方便，就买个书桌。由于缺少整体考虑，家具互相之间不搭配，往往会让我们花冤枉钱。

如何进行整体思考，从战略高度拥有顶层设计呢？我们把企业数字化采购转型路径图分成四步，把它叫作"数字化采购 4.0 转型路径图"（见图 6-3），期待这个图能促使大家进行思考，找到方向，踏实迈好每一步。

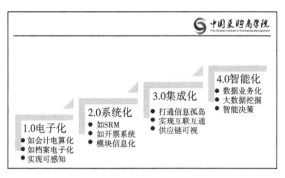

图 6-3　数字化采购 4.0 转型路径图

1.0 电子化：记录下来，呈现出来，让管理"看见"

这个阶段追求的目标是每个过程、每个零件都能被记录、被感知、可视化，将来实现可统计、可追溯。

老牌汽车零部件企业博世说，让"每个零件都有身份证"；物流企业 G7 说"数字化每一辆货车"。我在第 4 期"CPO 首席采购官工作坊"上讲"一切皆数字，一切皆可控"。

这个阶段就像早些年轰轰烈烈的"会计电算化"，将手工记账转为计算机记账；就像现在很多公司正在开展的"档案电子化""无纸化办公"。会计再也不要算盘了，查找信息、传递信息，一般也不用翻资料、发传真了。当然不止如此，在此基础上，将来可实现一物一码，发展跟踪经济，比如跟踪食品安全、药品安全，进行质量追溯。或许，这样就不会出现长春长生假疫苗、电信诈骗之类的案件，因为一切交易和行为被记录了。

【案例 6-4】数字化每一辆货车

G7 在物流领域中一直在做的就是数字化每一辆货车，它期望实现的愿景是一个更加智慧的物流生态。智能管车让大家感受到了分秒连接每一辆货车，感知发动机的每一次呼吸，让车辆运输的每一

> 个细节所产生的数据都可以变成可视化的管理模式，在提升管理效率的同时，既降低了成本，又保障了安全。
>
> G7把每一辆车外在的位置与状况以及内在的关键部件的状态，以数据的形式呈现出来，无论管车人、货主，还是上下游厂家，都能实时知道车、货、人的真实状态，让大家从结果管理变成过程管理。G7通过实时感知，数据呈现优化管理，满足大家不同的需求。
>
> 实时感知只是初期阶段，数据的呈现只是优化管理的第一步，怎么利用好数据，让车、货、人的管理更加安全、高效和节约成本，是下一步要做的事情。
>
> 比如，为什么走同样的线路，隔壁车队的油耗要比我少很多？
>
> 这些问题都是在日常运输过程中非常普遍的问题，却是众多车队管理者所困惑的问题。随着人员和运营成本的投入，得到的结果往往也不够精准。G7将大数据处理分析能力投入实际业务中，智能管车线路油耗功能是基于GPS的运行轨迹，推算出车辆的运行线路，并结合EMS油耗及驾驶行为数据，组合成为线路油耗产品。通过大数据分析，G7从管理、人力、油耗等方面全方位帮助车队管理者降低整体运营成本。对线路需求明显的客户（比如快递行业）将可以直接了解车辆线路维度的相关数据，尤其是油耗数据。

当然，数字化追求的目标，不仅是无纸化，记录下来，还要追求把它电子化呈现出来，让管理者"看见"，以便实时监控，发现异常，并及时采取措施，寻求改善。比如数字化绩效管理工具的应用，该工具分为对外的供应商绩效评分卡和对内的采购组织绩效评分卡。

供应商绩效评分卡系统可实时提供对供应商绩效、差距与预期成本、质量或者交付时间等问题的洞察。该系统与系统监控的自动化范围和服务水平相关联时，还能提供经过整合的索赔管理功能。当拥有了这些数字化信息后，品类经理就能够第一时间发现供应商出现的问题，更快采取行动并做出决策，同时系统还能提供相应工具帮助、鼓励或促使供应商做出改进。

采购组织绩效评分卡记录并衡量整个采购部门或单个采购品类的绩效。系统将记录战略采购团队的全部活动，并同时跟踪成本节省措施的落地实施。首席采购官可以通过这个系统，非常简洁且全面地监督和管理工作的进度与结果，也可以细致到审阅每位品类经理的绩效完成情况与业务水平。绩效管理工具还可以植入其他工具中，比如品类战略采购工作流工具，从而实现对团队、品类以及个人绩效的实时管理。

2.0 系统化：流动起来，串联起来，让管理更有效率

这个阶段追求的目标是把 1.0 记录的信息流动起来，通过 IT 系统实现某一个流程、某一个功能，如采购管理系统、供应商寻源系统、电子招标系统、合同管理系统、发票管理系统等。比较典型的是 SRM 供应商关系管理系统。SRM 系统对供应商进行全生命周期管理，比如，引进新的供应商，建立优秀供应商数据库；通过与供应商共享信息，加快产品开发进度；提高供应商满意度，保留和吸引优秀供应商；改进供应链商业流程，降低采购和储存成本等。以前是流程，未来是"流程+数据"。系统除了解决一个流程、一个功能的问题外，还会记录数据，为后续智能化做准备。

我们在网络上可以查到很多 SRM 产品，这里介绍两个其他种类的数字化采购产品。

【案例 6-5】上海固买的 MRO 采购 SaaS 模式

> 间接物料采购（MRO）是工厂采购的一项不可或缺的日常工作，虽然市场上也存在诸如商城模式、按品类整合模式、整包模式等解决

方案，但依然无法有效解决实际痛点，满足率低，更回答不了为什么是这家供应商、为什么是这个价格等采购工作中常被挑战的核心问题。

上海固买供应链管理有限公司（以下简称"上海固买"）在2018年年初上线了固买云平台模式（见图6-4），针对2B服务的特点，采用线上SaaS（软件即服务）+线下驻厂工程师的O2O模式解决MRO采购的所有痛点。

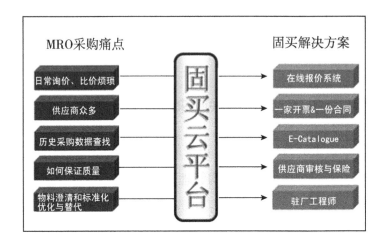

图6-4　上海固买的MRO采购SaaS模式

固买云平台是创新的S2B（supply chain platform to business）模式（见图6-5），把客户的原有供应商与云平台供应商一起纳入其中，实现供需之间的精准对接及组织之间的高效协同。客户询价发布，供应商实时在线报价，客户定标下单，驻厂工程师协助完成货物验收对账，由固买云平台统一开票，统一提供售后服务，把信息流、资金流、物流统一整合，实现互联网+时代的客户采购数字化，数字采购客户化的模式创新。

上海固买把SaaS演化为降本即服务（saving as a service），把"商城模式"变为"寻源+服务"模式。

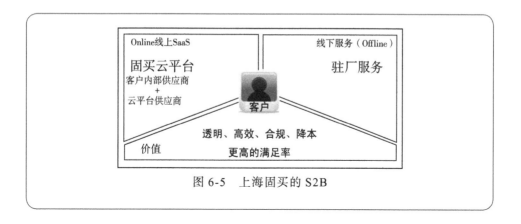

图 6-5 上海固买的 S2B

【案例 6-6】京东企业购推出"京点"智慧办公解决方案

京东企业购专为政府、企事业单位服务，通过智采、慧采、翼采采购平台提升采购效率，管控采购成本。

如基于办公场景的智慧场景解决方案如图 6-6 所示。

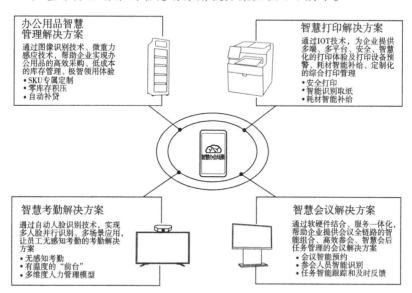

图 6-6 京东的"京点"智慧办公室解决方案

除此之外，京东企业购还为企业定制智能采购解决方案。如 2017 年初秋，京东首个铁路版本"电商直购"平台"京东上铁商城"

> 上线满 1 周年，"电商直购"，如办公用品、计算机耗材、低值易耗品等通用物资，采购金额达 9382 万元，较传统渠道节约 1881 万元，节支率高达 16.7%。运用"互联网+"思维，强化顶层设计，规范"互联网+"采购流程，京东企业购协助上海铁路局完成了多级审核，账户实名制，入库网上确认等多种采购功能，树立了采购全流程电子化、可视化、透明化的模式标杆，使京东上铁商城成为全国首家实现采购流程全闭环的电商采购平台。

3.0 集成化：并联起来，互联互通，让管理协同

这个阶段的目标是打通信息孤岛，实现互联互通，链接供应链各个节点，最后使整条供应链透明可视，实现网络协同。所谓通则不痛，痛则不通，供应链一定要打通。

信息孤岛是指相互之间在功能上不关联互助，信息不共享、互换以及信息与业务流程和应用相互脱节的计算机应用系统。我们应当看到，在整个信息技术产业飞速发展过程中，企业的 IT 应用也伴随着技术的发展而前进。但与企业的其他变革明显不同的是，IT 应用的变化速度更快，也就是说，企业进行的每一次局部 IT 应用改进都可能与以前的应用不配套，也可能与以后"更高级"的应用不兼容。因此，从产业发展的角度来看，信息孤岛的产生有着一定的必然性。

信息孤岛是一个普遍的问题，不是某个人的问题，也不是中国信息化特有的情况，全球每年的应用集成市场有近 3000 亿美元之巨。信息孤岛的类型有很多，不仅企业内各环节存在着信息孤岛，企业间也存在着信息孤岛，所以供应链管理和 B2B 电子商务应运而生。甚至政府机关之间也存在着信息孤岛，在很多地方，有多少个委、办、局，就有多少个信息系统，每个信息系统都由自己的信息中心管理，有自己的数据库、自己选择

的操作系统、自己开发的应用软件和用户界面，完全是独立的体系。

我们要消除供应链中的信息孤岛（见图6-7），不仅要消除企业内部孤岛，而且要消除企业外部孤岛，最终形成闭环。这需要供应链成员间信息互联互通、资源共享，最终实现网络协同。

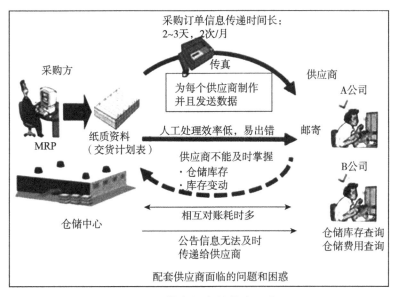

图6-7 供应链中的信息孤岛

我们从下面这个角度看一下"互联互通"的重要性。很多企业都有战略供应商，并且签署了"战略合作协议"，但供应商真正被提到战略高度了吗？我觉得战略供应商就是要能够"同甘苦共患难"的供应商，就是要能够团结一致应对市场的供应商，战略关系要能风险共担、信息共享。注意，我这里说的是"信息共享"，不是"利益共享"，而风险共担就是利益共享，不仅仅是损失共享。

我到一家著名的乳业企业去培训，学员告诉我有一个供应商要求涨价，因为供应商把车间建好后，需求量不是从前买方承诺的量了。这家供应商把车间建在买方的厂房里，变成买方工艺的一部分，实际上已经互相离不开，并且该供应商与老板是朋友，这当然就是战略供应商了。但二者之间的战略协议既没有提到如何风险共担，更没有提到如何信息共享。供应商对买方的变化丝毫不知情，所以非常恼火，认为采购欺骗了他，并且在胁迫自己降价。

再比如汽车厂，它一旦选定供应商后，实际上与供应商就形成了战略供应商关系，因为一个车型量产以后是不可能随便更换供应商的。此时，汽车厂一定要与供应商"互联互通"，信息共享。这样供应商可以实时知道买方的生产情况、市场情况，以便及时做出调整，甚至可以自动进行调整。现在已经有一些汽车厂，把自己的 ERP 与供应商 ERP 打通，或者自己开发一个 SRM 供应商关系系统与供应商的 CRM 整合打通。有很多中小企业也在尝试用某种软件，把买卖双方的信息打通，实现供应链可视化，使买方随时知道生产交付库存情况，卖方随时知道生产库存市场变化情况。这极大地提升了买卖双方沟通的效率和准确性，这样就不会出现专业采购那一章举的 BBC 的例子，买卖双方沟通匹配度仅为 30%，失真或缺失 70%。

【案例 6-7】麦肯锡协作型数字化采购工具

> 该类工具作为平台，主要整合各个采购职能的细分工具。品类战略端到端平台工具在采购各重要流程节点上为品类经理提供指导。目前尽管有许多系统支持交易性采购流程，但很少能够生成综合性品类策略或者识别降本杠杆。品类战略端到端平台工具在创建品类策略过程中的每个步骤（如了解需求、分析市场、生成降本措施、衡量措施实施的效果等）自动提示与跨职能部门合作方召开相关里程碑会议，保存和跟踪所有讨论意见，直至各个步骤实施完毕。
>
> 其他协作型数字化采购工具即采购方法或采购技术，还包括品类分析解决方案和应当成本分析、业务协作门户、供应商深度透视和电子化采购活动等。随着对复杂数据分析能力的持续提升，以及各数字平台的功能性和易用性的不断改善，这些工具将极大地帮助企业识别采购可持续降本的机会，最终实现价值最大化。

4.0 智能化：数据洞察，挖掘规律，让决策智能

这个阶段的目标是，一切业务数据化，一切数据业务化，通过数据挖掘、数据洞察，继而实现智能决策。数据化管理＝数据分析＋服务业务＋改善管理。

信息化是一种管理手段，它将企业的生产过程、物料移动、事务处理、现金流动等业务过程数字化，通过各种信息系统、网络加工生成新的信息资源，以便于各层次业务人员了解"现在是什么情况""流程进行到哪里了"等一切业务信息。数字化是推动信息化最好的方法，它将许许多多复杂的事情变成计算机处理的0和1二进制代码，让管理人员实时了解情况，甚至实现流程自动化、决策智能化。数字化带来了数据化，并在数据基础上推动了智能化。

数据化管理是指将业务工作通过完善的基础统计报表体系、数据分析体系进行明确计量、科学分析、精准定性，以数据报表的形式进行记录、查询、汇报、公示及存储的过程，其目的在于为管理者提供真实有效的科学决策依据。在数字化时代，这一切可以由计算机自动完成。

数据分析，即对数据进行分析，寻找某一个问题的答案，比如分析成本上涨的原因，继而根据分析结果进行决策和开展业务行动，以期产生效益。

数字化采购体系的核心是数据，而且是海量数据。企业运营的方方面面都离不开数据，包括预测客户需求，了解哪些产品或服务可以更好地满足这些需求，确定合适的供应商，并确定合理价格。企业应当有意识地获取比现在多得多的内部和外部数据。

大数据是互联网的海量数据挖掘，而数据挖掘更多是针对内部企业行业小众化的数据挖掘，数据分析是进行针对性的分析和诊断。大数据需要分析的是趋势和发展，而数据挖掘主要是发现问题和进行诊断。

（1）大数据：它是指无法在可承受的时间范围内用常规软件工具进

行捕捉、管理和处理的数据集合，是需要新处理模式才能具有更强的决策力、洞察发现力和流程优化能力的海量、高增长率与多样化的信息资产。在维克托·迈尔－舍恩伯格及肯尼斯·库克耶编写的《大数据时代》中，大数据是指不用随机分析法（抽样调查）这样的捷径，而采用所有数据进行分析处理。大数据的 5V 特点（IBM 提出）包括：大量（volume）、高速（velocity）、多样（variety）、价值（value）、真实性（veracity）。

（2）数据分析：它是指用适当的统计分析方法对收集来的大量数据进行分析，提取有用信息和形成结论，从而对数据加以详细研究和概括总结的过程。这一过程也是质量管理体系的支持过程。在实际应用中，数据分析可以帮助人们做出判断，以便采取适当行动。数据分析的数学基础在 20 世纪早期就已确立，但直到计算机的出现才使得实际操作成为可能，并使得数据分析得以推广。数据分析是数学与计算机科学相结合的产物。

（3）数据挖掘：它一般是指从大量的数据中通过算法搜索隐藏于其中的信息的过程。数据挖掘通常与计算机科学有关，并通过统计、在线分析处理、情报检索、机器学习、专家系统（依靠过去的经验法则）和模式识别等诸多方法实现上述目标。

如果说数据是数字化采购的燃料，那么技术就是数字化采购的引擎。这里所说的技术，是指连接并赋予数据含义的技术，尤其是 AI、自然语言处理、数据分析和机器人技术。通过将数据和上述先进技术结合在一起，企业将能够实现各种业务活动和流程的自动化或优化，在特定情况下，还能超越简单的自动化，实现高级的智能化。例如，在选择供应商时，智能代理将应用一个复杂的模型，根据所采购物品的采购历史记录、供应商评级和绩效以及最近推荐的供应商报价，推荐入围的供应商。智能代理是软件机器人，即收集信息或提供其他相关服务的程序，不需要人的即时干预。

随着全球互联网快速发展，越来越多的网络用户通过多种终端、多种平台输出数字内容，驱动世界迈入"大数据时代"。海量数据的运用已成为未来竞争和增长的基础，并且大数据分析可以提高企业的核心竞争力。

未来的世界将是一个万物互联、人工智能无所不在的世界，商业智能化是未来最重要的一个趋势。

所谓的智能化就是指未来商业的决策会越来越多地依赖机器学习、依赖人工智能。以 2016 年双十一为例，阿里巴巴销售额超过了 1200 亿元，如果是传统的零售企业，就算安排再多人手，当 1 天有 1 亿多人涌入的时候，也无法服务好所有人，但实际上当天阿里巴巴大部分人都没什么事情可做。客户该看到什么产品完全是机器自动推荐的，而且每个人都能得到个性化服务，看到他最想要的商品，得到他最想要的服务。这背后就是人工智能的应用，是在大数据技术创新的基础上搭建的全新智能运营模式。随着技术的进一步普及、应用成本的进一步下降，越来越多的行业都会快速形成智能化演变，如《今日头条》就是采用了同传统媒体不一样的推送方式才迅速崛起的，抢了传统媒体的读者。它会根据读者的阅读习惯、所在地理位置、关注内容等来推送信息，也就是给你想看的，而传统媒体不管你想不想，都给你看。

那么，企业如何走向智能化呢？这个过程最难的不是技术本身，而是要用智能商业的思路来重新审视自己所有的业务和流程。相信很多人都是这样认为的，即把书面做的变成计算机做的，或者将现有业务流程交由计算机完成。这是错的，或者说智能化不仅仅是这样的，而是指企业要用计算机思维，思考业务流程。阿尔法狗之所以战胜围棋高手李世石，并不是因为它简单地学习了人类的棋谱，从而战胜了人类，而是因为它是人类根据计算机的特点设计的"算法"。

我们认为应该由数字化服务定义业务过程，而非业务过程定义数字化服务。数字化意味着业务过程需要做出改变，以便适应计算的世界，而非反其道行之。我们绝不能用在线的方式继续沿袭以往离线时代的做法。

在技术方面，科技创新企业会把新技术作为基础设施提供给大家，比如现在的一些简单算法和人工智能模型在阿里云的开放平台上都能找到，所以说技术不难，最难的是要用智能商业的思路来重新审视自己所有的业务和流程，甚至对它们进行全面的改造与创新。比如，很多人都在天猫和淘宝上开有自己的网店，但他们的核心业务流程并没有互联网化，没有跟客户建立一个持续互动的关系，导致大部分行为是孤立的。那么，企业如何用智能化改造自己的流程和业务呢？

首先，企业的业务流程必须在线化、软件化，也就是将所有核心流程构建在互联网上，然后由软件自行驱动，这样才有智能化演进的可能。其次，企业要让决策数字化，这包含三个方面：

（1）所有采购过程被实时记录，比如谁什么时候买了什么、买了多少，以便进行支出分析。

（2）根据用户反馈和绩效让算法帮你自动调整采购策略，比如自动选择最合适的供应商。

（3）依靠人的洞察将数据、算法和客户体验结合起来，让绩效每时每刻都得到改进。

【案例6-8】京东商城，自动抓取竞争对手的价格

1. 直接决定定价和采购

定价是通过信息系统完成的，也就是说京东商城的商品很多定价都是根据信息系统里面的数据、信息系统反馈的结果生成的，是自动的，而不是人在管理、干涉。

那么，信息系统是怎么生成这个价格的呢？有的人说是根据销量，其实不全是，实际上很少有人会根据销量来决定一个商品的价格。首先，我们会根据产品的属性、价值和竞争能力给它定一个价格，这叫价格优先级。信息系统得到价格优先级之后，每隔半个小时会对所有竞争对手网站同种商品的价格抓取一次，得到数据之后，再跟我们的价格进行比较，最后会根据我们的成本价、优先价格、

竞争对手的价格、季节因素等，制定出最优的价格。

除了定价之外，采购也同样是受信息系统控制的，也就是信息系统里面实时反馈的数据也为我们进货提供了依据。每种产品、每一个库房采购多少其实不是由人来决定的，而是由信息系统来决定的。这时候，人要听系统的，然后根据系统的指示，与供货商谈判，拿到最好的价格，最后告诉信息系统大概什么时候能到货，再通过信息系统向供货商下单。信息系统决定采购，这无疑为我们的进货工作提供了极大的便利，同时也可以避免人为因素的干扰。新货怎么办呢？在这方面，京东有一个保守的初始制，也就是刚开始的新货由采购员负责，但是15天之后一定由信息系统来接管。

2. 打造完整的供货链条

顾客想要在京东上买东西，点击鼠标后，却发现没有想要的东西，这怎么办？

这个问题的解决，不仅对京东自己的信息系统有要求，还对其他供货商的信息系统有要求，要求这些供货商要有非常完备的信息系统。另外，这也要求他们有非常开放的理念。因为信息系统在任何一个企业都是比较核心的东西，所以很多企业其实不敢开放信息系统。正因为如此，截至2014年，实际上跟京东信息系统对接的企业并不是很多。

供货链其实是一个完整的链条，不是一个独立的企业能完成的。这需要我们所有的企业领导人都能开放观念。在国外，这种信息的对接非常正常，信息系统不对接的话，怎么能够合作呢？他们会把这个看成非常理所应当的事情，但在国内还不行，我们在这方面的理念还不够开放，你知道我哪个库房、哪个商品还有多少货，这对他们来说太可怕了。

有人预计，到 2020 年，采购将全面进入数字化时代，采购必须做出改变，转型势在必行。

目前国内大多数企业的采购业务普遍以 1.0 手工为主，效率低下。随着企业信息管理系统逐渐普及，部分企业开始使用电子采购系统 2.0，但是系统间的数据兼容 3.0 问题、共享问题，大家对数字化采购的认识问题，以及对采购地位重视的问题，正阻碍企业快速、科学地制定决策。至于 4.0 更多的是一种展望，部分领先的数字化采购产品提供商在跃跃欲试。

当然，有一点需要说明的是，企业引入数字化采购产品是否一定属于 1.0 到 4.0 呢？我觉得总体上是这样的，但开发数字化产品不一定是割裂式地开发，可能开发的产品直接就具备 4.0 特征，但它在具备 4.0 特征时，一定已经具备了 1.0、2.0、3.0 特征。1.0、2.0、3.0 是 4.0 的基础，前一步走得踏实，下一步才能落地走得稳。也就是说，产品本身不一定是独立的，可以兼具 1.0 或 4.0 的特征，但业务转型或者说业务变革，是需要逐级进行的。这就是我们为什么把它叫作"数字化采购 4.0 转型路径图"。我们用这张图帮助大家厘清每一步的目标和该做的事，让大家在数字化转型的路上目标明确、少走弯路，最终实现业务数字化、流程自动化、决策智能化，并且通过 4.0 路径图，实现数字化采购转型。

正在寻求突破的 4.0 产品

采购执行自动化

在采购执行（即从采购到付款）环节中，数字化采购将提供自助式采购服务，自动感知物料需求并触发补货请购，基于规则自动分配审批任务和执行发票及付款流程，从而加速实现采购交易自动化，有效管控风险和确保合规性，大幅提升采购执行效率。

互联网数字化采购通过批量执行重复性任务，自动触发请购及审批流程，实现核心的采购到发票管理活动的自动化和标准化，帮助企业全面提高采购效率，持续降低管理成本。

互联网数字化采购应用人工智能机器流程自动化技术，通过模式识别和学习逐步消除重复性手动操作，如发票匹配、预算审核等，从而降低采购资源负担，使员工专注于高附加值工作，为企业创造更大的价值。

互联网数字化采购应用认知计算和人工智能技术，实时感知物料需求，并自动触发补货请购，从而简化和智能化请购流程。

互联网数字化采购结合最佳实践和企业现有流程部署审批工作流，能够自动化分配各环节审批任务，大幅缩短审批周期，并确保审批人正确。

支出可视化工具

该类工具具有先进的支出数据分析功能，并可自动生成采购结果。凭借具有人工智能和自我学习功能的算法技术，有些跨国企业和综合性企业已经实现了数据清理和分类的自动化。我们预计，如果增加数据来源，引入品类层级的基础性关键绩效指标（KPI），可进一步丰富目前市面已有解决方案的功能。新一代系统将有助于实现首席采购官梦寐以求的采购功能，即能够在预算和利润表中直接跟踪支出节省情况。

支出分析、数字化采购将建立实时支出管理体系和支出知识库，应用预测分析技术，帮助企业预测采购需求和支出结构，进而定位关键支出，实现可持续降本战略。

企业要打造认知支出解决方案，实时分类与管理 AP 系统的支出数据，从而为企业定位关键支出；应用智能内容提取技术，实时从合同中提取有价值的信息，实现广泛细致的支出分析。

前瞻性的供应商绩效管理与风险管理

数字化采购将应用众包、网络追踪和 VR 等技术，全面收集与捕捉供应商数据，构建全方位供应商生命周期管理体系，实现前瞻性风险规避与控制，从而提升供应商绩效与能力，支持采购运营持续优化。

数字化采购将建立实时监测和定期评估机制，将数据转化为切实可行的洞察与预测，从而打造前瞻性绩效管理，逐步优化供应商资源；基于大数据进行前瞻性预测分析，实时洞察潜在的供应商风险，及时采取措施，帮助企业建立先发制人的风险管理模式。

数字化采购将应用人工智能技术和高级可视化仪表盘，实时监测与定期评估供应商绩效，从而提供全面的绩效洞察和趋势预测，帮助企业识别优质供应商群体，及时淘汰不合格供应商，最终打造前瞻性供应商管理。

未来，采购可以应用 VR 或空间分析技术，通过生成虚拟场景完成供应商访问与现场审核，简化绩效管理流程。此外，它还可以结合网络追踪技术，主动监测供应商行为与绩效的线上与线下活动。结合第三方数据源集成整个供应价值链，建立供应商风险评估数据库。

对于绩效管理，数字化采购能够建立实时监测和定期评估机制，将数据转化为切实可行的洞察与预测，从而打造前瞻性绩效管理，逐步优化供应商资源；应用高级可视化仪表盘，识别优质供应商，及时淘汰不合格供应商，打造前瞻性供应商管理；应用 VR 或空间分析技术，生成虚拟场景完成供应商访问与现场审核，简化绩效管理流程。

对于风险管理，数字化采购将应用数据捕捉和采集技术，基于大数据进行前瞻性预测分析，实时洞察潜在的供应商风险，帮助企业建立先发制人的风险管理模式；结合第三方数据源集成整个供应价值链，建立供应商风险评估数据库；应用数字技术，实时监测、识别供应商风险，建立前瞻性风险控制与规避机制；应用对等网络技术，捕捉影响供应商风险的事件，实现广泛细致的风险洞察，降低供应链风险。

大数据决策

数字化采购将借助高级的可视化管理仪表盘，直观展现寻源洞察与建议，简化领导层的决策制定过程，将寻源执行及决策周期缩短，从而大幅提高市场敏捷度。

数字化采购将应用认知计算和人工智能，基于供应商资质、历史绩效和发展规划等因素，构建敏感性分析模型，从而更加准确地预测供应商对企业成本与风险的影响，帮助筛选优质的合作对象。

数字化采购将应用智能分析技术，预测供应商对企业成本与风险的影响，为寻源提供可视化预测及业务洞察，从而提升供应链的整体透明度，帮助企业更加智能和迅速地制定寻源决策。

构建完备的采购体系需要获取两大类数据。第一类数据用于创建具有参考价值的信息，比如供应商基本信息、市场概述或各地区商品或服务平均价格的描述性分析。第二类数据用于分析采购决策与结果之间的相关性，建立预测模型，最终实现人工智能。

采购体系内的所有数据，不仅包括采购流程数据，还包括与采购活动相关的其他流程所产生的数据，其中包括发票和付款数据，用于了解价格和流程的合规情况，以及流程信息，比如谁批准了价格调整及其具体金额。

采购体系以外的数据，如深入而全面的行业和市场信息，其实更为重要。特别是在协商合同的具体条款时，企业需要依据这些数据计算总拥有成本和价格杠杆，从而判断该采购哪些物资，以及从哪些供应商处采购。

可预测战略寻源

在战略寻源（即从寻源到合同）环节中，数字化采购将完善历史支出知识库，实现供应商信息、价格和成本的完全可预测性，优化寻源战略并为决策制定提供预测和洞察，从而支持寻源部门达成透明协议，持续节约采购成本。

数字化采购将实时监控合同支出与执行，预测采购需求，自动生成寻源建议，帮助企业优化采购效率。

在寻源战略方面，数字化采购将提供强大的协作网络，帮助企业发掘更多合格供应商，同时智能分析和预测其可靠性与创新能力，逐步实现战略寻源转型；应用认知计算等技术，评估和预测潜在供应商的可靠性与创新能力，发掘优质潜在供应商；借助领先供应商协作平台，如通过 Ariba 连接 250 多万供应商，在全球市场中发现最优供应商；结合品类管理功能，根据不同品类的需求特点等因素，制定差异化寻源策略和可复用标准流程。

在决策制定方面，数字化采购将应用智能分析技术，预测供应商对企业成本与风险的影响，为寻源提供可视化预测及业务洞察，帮助企业快速、智能地制定寻源决策；应用数字技术，构建敏感性分析模型，从而更准确地预测供应商对企业的影响，筛选优质合作伙伴；借助高级可视化仪表盘，直观展现寻源洞察与建议，可将寻源执行及决策周期缩短 50%。

在供应商协作方面，数字化采购将智能预测供应商谈判的场景和结果，分析并推荐最优供应商和签约价格，同时自动执行供应商寻源任务，最终建立可预测的供应商协作模式；构建敏感性分析模型，预测谈判双方条件变化对签约价格及采购成本的影响，帮助谈判人员识别关键因素与节点，从而控制谈判风险并削减采购成本；基于最佳实践构建全球条款库，自动识别适用条款，提高合同签订效率，并确保合规性。

企业内部采购商城

企业内部采购商城通过目录化采购，构建基于品类的自动化采购流程，从而帮助企业加强全流程控制，实现差异化品类分析，并在复杂的支出类别中发现可持续的成本节省。

它是一系列预先核准的、基于云的私家"店铺",内部客户可在店铺中基于公司政策,选择商品和服务进行目录采购。

它结合最佳实践和企业采购品类,自定义商品及服务编码,建立全品类目录化采购,能够快速将供应商产品纳入采购目录,从而持续控制采购种类,从根本上规范采购流程和控制采购风险。

它基于采购目录建立精细的品类管理模式,分别制定标准化采购流程和审批工作流,实现差异化品类分析,优化各采购品类的管理策略。

它应用认知计算和人工智能技术,迅速处理分类目录外临时采购数据,充分挖掘所有品类的支出数据价值,交付全新的洞察和机遇。

【案例6-9】阿里研究院关于数字化采购的观点

观点一:云计算将帮助构建企业与供应商交互的SaaS平台,而数字化采购将智能预测供应商谈判的场景和结果,分析并推荐最优供应商和签约价格,同时自动执行供应商寻源任务,最终建立可预测的供应商协作模式。

观点二:产业物联网将从根本上变革采购业务,通过线上线下的整合,帮助企业实现信息流和物流的协同,并提升产品与材料的可追溯性。

观点三:移动互联网将通过无线工具,让用户利用差旅时间、碎片时间,快速进行商机的处理,高效的内外部沟通、协同。

观点四:广泛应用大数据分析,将使企业在多方面受益,包括进行产品定价、计算产品成本、建立支出管理体系、预测采购需求等,帮助高层制定采购决策。

观点五:认知计算将帮助前瞻性的供应商绩效和风险管理,帮助企业建立风险和合规管理系统，并提高质量、一致性、合规性。

——摘自阿里巴巴集团副总裁、CBU 总裁杨猛在 2017 年"中国好采购"大会上的演讲"好采购要懂大数据"

如何推动数字化采购 4.0 转型

对于企业应当如何推进数字化转型，我访谈了一些数字化转型的领先者。

访谈一：苗峰，阿里巴巴 B 类事业群原企业采购业务总经理

阿里巴巴推行的是"双中台+ET"：双中台是指数据中台和业务中台，ET 是指智能化解决方案。

在企业业务中台方面，未来的市场趋势是从 ERP 建设向业务转型，从外向内如销售中台、采购中台，使企业数字化、在线化。随着京东和阿里巴巴等垂直电商崛起，企业电商采购的趋势非常明显。通用品类市场规模达 4 万亿，现在线上采购约 2%，并且在逐年高速增长。企业间连接数字化加快，如专票电子化，它对企业间结算协同带来了便利。共享经济不断发展，它使用互联网采购平台进行网上寻源、共享仓库等，降低了成本。

具体来讲，社会上会出现电商化采购平台，面向企业通用物资类采购场景，帮助企业搭建专属采购商场，对接所有主流电商平台，使原有供应商线上化；会出现采购运营平台、供应链协同平台，并

且核心企业与供应商之间涉及的合同、订单、发运、结算、发票全部在网上进行。随着人工智能、大数据等的发展，还会出现"采购大脑"，实现智慧决策。

访谈二：宋春正，京东集团副总裁，集团大客户总经理

纵观企业采购的发展阶段，企业数字采购转型一般经历四个阶段，但后来的企业具备"后发优势"，可以实现跨越发展，直接通过选择优秀智能电子商务供应商合作伙伴，实现高效、透明、风险可控。四个阶段如下：

（1）手工方式采购；

（2）ERP采购；

（3）以流程管理为中心的系统化采购；

（4）电商化智能采购。通过电商化智能采购，企业可以借助采购转型服务商的大数据、人工智能、区块链等技术，使采购系统化管理的范围得到延伸，系统间的信息壁垒实现打通，管理的信息化和自动化程度快速提高，从而充分实现采购前端与预算衔接、中端与供应商互动、后端对接费用核算和资产管理，达到财务与采购的大闭环管理。

企业数字化转型的难点主要集中在前期：

（1）企业管理层的认识问题。企业管理层对于企业采购数字化转型的重要性和意义一般缺乏认识，对于数字化采购转型后给企业带来的合规性、透明度、成本降低、风险控制等效果缺乏真实的感知。

（2）转型触及某些部门、人员的利益问题。企业采购数字化转型给企业带来了高效、透明的效果，但这使某些部门和人员不再有上下其手的机会，也会淘汰一些采购类工作岗位，因此会受到这样

或那样的抵制。

（3）数字化采购转型服务商产品众多，企业难以选择。企业期望通过大数据、人工智能等技术，对供应商实现数字化评估、信息化管理，对采购成本进行精确化管理、自动化分析，对采购风险进行系统化识别和防范，持续推动企业采购沿着平台化、数据化和智能化的方向发展。市场中数字化采购转型服务商有很多，提供的产品也有很多，这给企业带来了一定的选择困难。

华为给出了这样的解决方法：既要连接又要云。华为认为，工业化的标志是接上电，数字化的标志是联上云。数据采集需要连接，数据分析需要云。连接的目的是为了云的高效，而云的价值只有靠连接才能释放。连接和云是数字化转型的双引擎，没有连接的云是空中楼阁，有了连接的云才能"接地气"。

麦肯锡说，不同解决方案对采购端到端的各个环节影响不同，有的可以增加效益，有的可以提升效率，有的可以实现企业采购的可持续发展，最终的价值影响将因企业而异，具体取决于交易量、采购品类、企业人员的业务熟练程度以及其他现有流程。企业应明确优先价值驱动因素，是想提高交易效率，通过敏锐洞察达到更好的谈判协商结果；还是想改进预测功能，降低采购风险。数字化采购不仅可识别降本机会、创造价值、防止价值漏损，还可以极大地减少交易性采购所需的时间。

数字化转型追求的目标是什么

我们认为，数字化采购为采购人员和供应商提供了全新的协作与互动方式，使所有相关方都可以更加方便地获取数据和洞察。不过，为了充分利用这些新功能，企业应该重新审视其政策和流程，确保每个人都了解自己在新采购流程中的角色和职责，以及如何做出最明智的决策。此外，采购部门的运作模式很可能也需要做大幅改动甚至推翻重来，从而与新的工作方式相匹配。

采购部门将主要精力放在了战略寻源和供应商管理上，促使交易处理过程自动化，并且从执行部门变为运营部门。采购组织将从"需求驱动型"转变为"主动服务型"。采购部门预先介入采购需求中，通过搜索、信息流挖掘、大数据分析等手段，帮助业务需求部门更精准地把握需求和采购方案，更充分地展现自身的服务职能。提出需求的人并不是物料专家、行业专家。在采购需求提出前，用户需要采购部门、供应商的专业支持。专业的采购人员或供应商的专家可以嵌入业务流程中，帮助解决业务问题。

由高级技术支持的、小规模的采购中央决策核心团队，将着力满足更高层面的跨业务部门采购需求。非战略性需求则可以由业务部门采用熟练且合规的自动化方式进行处理。

企业要实现采购数字化，必须打造与之相适应的采购组织，而在不改变现有烦琐采购流程的前提下，仅仅部署一些新的软件工具，并不能解决根本性问题。管理大师彼得·德鲁克在《21世纪的管理挑战》一书中指出，20世纪管理学的贡献是如何将体力劳动者的生产力提升50倍，21世纪管理学的挑战是如何将知识员工的生产力提升50倍。未来的管理技术、管理方法都必须做出改变，对于"流程再造""组织重塑"，这些前几年流行的词汇，或许我们会重新捡回来，赋予它新的含义。我们认为，办公室是提升效率的一片蓝海，这里最大的阻力来自人，比如人的惯性、本位主义、患得患失和对新事物的恐惧。

如果企业不进行数字化转型，其业务就无法发展；如果企业不能认真对待数字化，它就会被竞争对手超越……这些话加剧了人们的焦虑感，那数字化到底是什么？

技术本身并不是数字化的目标，技术并不能让你实现数字化转型，步入云端并不意味着数字化转型。我觉得数字化有这样几个本质特征。

1. 客户第一

牢牢记住，企业存在的目的是为客户创造价值，一切行为应该紧紧围绕客户。这里的客户，不仅指外部客户，也指内部客户，即供应链的下一个环节。为了实现数字化转型，企业必须打造可以满足客户需求的企业文化，以快速改变客户或帮助客户降低成本、提高效率。为了实现数字化采购的最大价值，企业需要提供直观而有吸引力的用户体验，以鼓励采购人员、供应商、相关部门使用在线采购工具。使用数字化工具的人越多，采购的效率就越高，企业可以采集的数据量也就越大。如果用户体验糟糕，人们就会想方设法绕开数字化工具。

2. 实时

数字化系统应该能全天候接受请求，应该能按需可用，应该能使用／返回最新数据。在数字化时代，我们不应该继续依赖离线的数据馈送和调度处理，要确保信息始终保持最新状态，要即时反馈，这是因为在数字化世界中，客户都期待着自己的请求能够立刻获得反馈。数字化世界的响应时间已经开始用毫秒作为单位来衡量。数字化系统应该能通过互联网使用任何设备，在任何时间、任何地点处理与采购业务相关的任何事情，移动互联网将在其中发挥巨大的作用，实现高效的内外部沟通与协同。

3. 自动化智能

数字化服务应该包含尽可能多的计算机处理过程（最理想的状况是100%由计算机处理），需要的人工介入越少越好。任何离线的介入都应视作一种例外，例如无法使用数字化服务，或面对某些任务，机器学习／处理技术还不够成熟的情况。可以借助智能的、烦琐的工作都应交给数字化服务处理，将客户或其他方面的人员需要付出的精力和所需的理解减至最低。数字化服务应当能帮助客户处理最原始的信息并进行相关运算、汇总、提炼和转换，这一切都无须用户操心。同时这种智能也意味着服务应当能预测客户的下一步操作，并提前做好准备，提供建议。

4. 不断迭代

没有一蹴而就的事情，也没有一劳永逸的事情，4.0不是终点，它仅是一种技术手段，而技术是不断进步的，人们总是追求用最新的技术和认知为企业创造竞争优势，为客户创造价值。

AWS是亚马逊公司旗下的云计算服务平台，为全世界各个国家和地区的客户提供一整套基础设施和云解决方案。你觉得AWS新功能发布的频率如何？我简单统计了一下2016年11月21日到2016年12月5日之间的改动，短短两周时间，发布了28次！

作为本书的读者，我们不是数字化解决方案提供商，而是使用者。我们不必花太多时间去关注技术的更新和迭代，也不必去纠缠那些有些晦涩难懂的"术语"，但我们要关注这些技术的应用和对我们的业务所造成的冲击，对此不能漠视，要有敏感度，要积极拥抱变化。我们要善于利用新兴的工具提高工作效率，创造竞争优势，为客户创造价值。"君子性非异也，善假于物也"，君子的本性和其他人并没有什么不同，只不过是善于利用和借助工具罢了，先贤荀子在《劝学》中这样说。

别人都在进行网络购物，你非要去超市购物；别人都在用网络支付，你非要用钞票；别人都在用网约车，你非要马路上扬招……这就是趋势。在数字化时代，"大云物移智"的发展，将改变采购组织和员工的技能结构，那些不能适应、不能随之改变的企业，将被技术无情地淘汰，就像柯达、诺基亚……时代淘汰你，连声再见都不会说！

我们畅想一下：如果在公司的采购工作能像在家购物那样方便，那该多好啊!

一个业务数据化、流程自动化、决策智慧化的时代呼之欲出。

更多内容,大家可以持续关注微信公众号"宫迅伟采购频道"。

本章执笔人:宫迅伟,中国采购商学院首席专家。

第7章

从"传统市场经济"到"新计划经济"——数字化时代的采购管理新趋势

---- 导 语 ----

市场经济通过充分竞争使资源得到最优配置,但它有两个弊端:一是盲目性,生产时不知道谁需要;另一个是滞后性,收到市场反馈再行动有一个时间差,造成大量库存和其他浪费。计划经济按需生产,可以减少浪费,但由于需求信息收集的难度大,企业难免有主观臆断,对变更不能及时反应,效率低下。是否有一种方式可以兼具两者的好处,又能解决这些弊端呢?我们认为,它就是"新计划经济"。

B2C 转为 C2B,是否就是"新计划经济"?

是什么让大家想到了计划经济

资源配置的机制问题是改革中"计划"与"市场"之争中的基本问题。市场经济作为一种运行形式，通过自身的机制包括供求机制、价格机制和竞争机制，形成一种自动的市场调节力量。例如，市场经济通过物价波动，向人们提供一种经营信息，推动人、财、物资源向预期利润较高的部门转移，通过"一只看不见的手"逐步使社会资源得到合理的配置。西方发达国家成功的案例，也激发大家呼唤中国进行市场经济，确立"市场在资源配置中的决定作用"。

但市场经济也有一些弊端，比如市场很大，企业无法客观判断需求，生产什么、生产多少有很大的盲目性；价格传导需要一定的周期，也会有一定的滞后性，结果造成产品大量冗余，带来巨大的浪费。这是市场经济被诟病的地方，于是需要人去调节，需要政府干预。中国的市场经济在发展过程中还有一些扭曲价格、限制竞争、抑制市场的情况。

计划经济在生产时就知道谁需要，需要多少，需要什么，什么时候需要，是按"需"生产，供需精准对接，生产是高效率的。

但计划经济有效性的前提是"需求信息"要准确、充分，其最大缺点就是"无法完全把握信息"，苏联曾有失败的教训。

是否有一种方法，既可以解决计划经济信息不充分的问题，又可以解决市场经济盲目性的问题呢？当今大数据时代，供应链的透明化和对客户大数据的及时抓取，使"计划经济"成为可能。

在写作本书时，专家一致同意"新计划经济"的提法。大家认为，此计划经济，非彼计划经济，而是"新"计划经济，是用"新计划经济"的

"新技术"去解决"传统市场经济"解决不了的问题，但它又有别于"传统计划经济"，因此我们将其定义为"新计划经济"。

"新计划经济"一词是从哪里来的

2015 年，我在中国物流与采购联合会"全球供应链管理高峰论坛"上讲了一个观点：未来可能会实行计划经济，当然这个计划经济不同于传统的计划经济，前边要加一个"新"字，叫作"新计划经济"。提出这种观点是基于供给侧改革和数字化技术的发展，当时我还开玩笑说，如果大家听到别人也有这种说法，那就叫英雄所见略同，因为这是自己得出来的结论，不是照搬别人的想法。

2016 年，有人提出了"新计划经济"的观点，遭到了很多经济学家的猛烈批评。我们相信这也是提出者自己得出的结论。"未来 30 年会发生很大的变化，计划经济将会越来越大。"有人在浙江商会成立 30 周年大会上的演讲中说了这么一句话，随后，网上就炸开了锅。

为了写这本书，我们查阅了一些文献，发现早在 2013 年、2014 年，就有不少人在讨论"大数据能不能拯救计划经济"的问题。"新计划经济"这种提法早在 20 世纪就有人提到了。

20 世纪 70 年代，英国学者斯蒂芬·博丁顿就在《计算机与社会主义》一书中提出，计算机和数字技术很可能与私有制的市场经济不相容，并系统提出基于计算机的新计划经济概念。后来国内外经常有学者提出用大型计算机"召回计划经济"的主张。

1997 年美国学者安迪·波拉克发表《信息技术与社会主义的自我管理》，论述计算机网络的飞速发展与广泛应用为未来实行社会主义的计划经济提供了技术上的可能。波拉克指出，遍布全球的成千上万个社会基层组织，如果像商业界、政府部门以及研究机构那样，通过互联网相互联络，分享它们的庞大数据库和经济模型工具，那就可以立即向民主的、高效的计划经济过渡。

20 世纪 80 年代初，中国也有人提出设想，即利用大型计算机系统建立国民经济规划部门，每一个经济主体每天生产什么、生产多少、销售多少，都由这个部门精确计算出来。计划经济中存在信息失真和不能快速对变化做出反应，故生产力高度发达的信息化社会可能会采用计划经济模式。后来，还有很多学者陆续提出了这样的观点，叫新计划经济，但是遭到了很多反对者的猛烈批评。

人们反对"新计划经济"的理由是什么

反对者有自己的观点和论据，认为计划经济重新变得可行的看法是完全错误的。这是因为，基于数据的决策只是科学决策，而不是企业家的决策，企业家必须看到知识和数据背后的、一般人看不到的东西，企业家的决策一定是超越数据的。有的人直接援引苏联计划经济的失败来否定计划经济。经济学家从历史、理论和现实三个方面来批驳新计划经济论，似乎论据是充分的。但我们仔细研究这些批判观点发现，大家在批驳新计划经济观点时，实际上并没有找到真正的靶子。

分歧的关键点在于，他们把整个社会作为一个研究对象，这样当然不能忽视市场竞争的作用，不能忽视企业家在其中的创新作用，即他们不仅要满足客户的需求，还要创造一些客户的需求。从这个角度来说，我们当然需要市场经济，通过竞争能够使得企业家的智慧得到最大程度的发挥，社会要素得到最优配置。如果我们不去讨论宏观经济，而是讨论微观经济，讨论一家企业、一条供应链，情况可能会有所不同。

有人举过下面这样一个例子。在没有发现 X 光和 CT 机之前，中医是没办法把肚子打开来看一看的，所以中医的望、闻、问、切形成了一种独特的指挥系统，但是 X 光和 CT 机出来以后，发生了天翻地覆的变化。相信在数据时代，我们对国家和世界的经济数据的明确掌握，就像我们拥有 X 光机和 CT 机那样。同时强调，进入数据时代以后，请大家记住，数据就是对未来的研判。信息 IT 以昨天的总结为主，而数据是对未来的研判和预判。"上医治未病，中医治欲病，下医治已病"，我们必须学会上医治未病，未病就是可能出现的问题。

新计划经济指的是一种大数据和人工智能能让资源得到更高效配置的经济机制。所以我们说，批评新计划经济的人找错了靶子。

新计划经济和传统计划经济的区别是什么

传统计划经济是建立在短缺经济基础上的经济，现在是相对充裕，还显得有点"过剩"的经济。在传统计划经济时代，决策最重要的基础是"需求信息"，而那时限于技术条件的原因，统计周期漫长，不能对需求准确把握，不能对变化迅速做出反应。现在，大数据时代，企业对客户的需求有更准确的抓取，把纷杂不确定的外部需求通过大数据变成一个确定的需求，有可能触摸到市场经济那只看不见的手，使计划经济具有可行性。短缺时代的计划经济其实并不是真正的"按需生产"的计划经济，也不是马克思说的"按需分配"的高级阶段，而是按计划分配的经济，并且在短缺时代，它也确实为苏联解决了很多问题。

新计划经济并不是传统意义上的指令性经济，供给侧改革，除了进行转型升级以满足人民对美好生活的向往，避免大家涌到日本买马桶盖外，还要解决一个问题，即供需错配的问题。如果供需精准匹配，就变成了按计划生产，不会产生生产冗余、库存，当然这个计划依据的是客户的需求。大数据时代的到来，使得我们对计划经济和市场经济要进行重新定义。万物互联的时代，人类获取数据的能力远远超过自身的想象，人类对世界的认识将会提升到一个新的高度，大数据会让市场变得更加"聪明"，让计划和预判成为可能，所以，计划经济的范围将会越来越大。

【案例 7-1】海尔互联工厂

> 山东青岛的用户王先生正坐在电脑桌前，通过"海尔商城"上传一幅书画作品。王先生的父亲酷爱书画，所以他想定制一台面板图案为中国山水画的空调，送给父亲一个惊喜。与此同时，河南郑州的海尔空调互联工厂实时接收到了王先生确认的面板设计方案和订单，柔性生产线上的机器人一获得指令，就开始为王先生加工专属于他个人的"私人定制"空调。在整个生产过程中，王先生随时可以通过电脑或手机客户端查看。
>
> 海尔互联工厂通过信息互联，实现了从大规模制造向大规模个性化定制的转型，全球用户可以在任何地点、任何时间定制个性化产品，全流程参与设计、制造过程，实现用户最佳体验。海尔着力打造的互联工厂，按需设计、按需制造、按需配送，对传统生产模式进行颠覆与升级，使整个制造过程实现高度的柔性，满足个性化定制的需求。

1. 内外互联：用户成为生产产品的"指挥官"

在体验经济时代，用户对个性化产品的追求，决定了制造企业应将精力投放在最大程度满足用户个性化体验的需求上。为此，企业应打破原有的创新思维，打开生产大门，让全球用户从原先只参与产品购买环节转变为参与产品研发、设计、生产等全过程，即让用户成为新品研发制造的"指挥官"。

企业通过搭建信息智能交互平台，实现用户、工厂、供应商之间的信息互联。与用户互联后，用户可以通过线上平台下单，根据自己的喜好选择冰箱的颜色、款式、性能等，这些信息可直接传送到生产线工位，进行个性化定制。与供应商互联后，供应商可无障碍地参与到产品及方案的前端设计中，通过交互产生一流的模块、一流的自动化解决方案，实现产品迭代引领目标。

2. 信息互联：为工厂植入自主思考"大脑"

在智能时代，工厂的运行规则发生了结构性变化。传统工厂只是在人的操作下进行来料加工，一旦离开人的操作与管理，工厂就失去了创造价值的能力。但在海尔互联工厂内，随着机器设备的高度自动化及无线网络的覆盖，工厂具备了自主"思考"能力，可以根据用户需求自生产、自驱动、自运行。该工厂最典型的信息互联案例就是U壳智能配送线，该配送线颠覆了传统的工装车运输方式，在行业内首次实现无人配送的情况下，点对点精准匹配生产和全自动即时配送。在这里，传统100多米长的生产线被4条12米长的智能化生产线所替代，几百个零部件被优化成十几个主要模块，这些模块可根据用户的不同需求进行快速任意组装，生产个性化冰箱产品的速度能够以秒来计。

> **3. 虚实互联：虚拟与现实世界无障碍"对话"**
>
> 　　虚实互联主要是应用虚拟仿真系统及信息技术实现虚拟与现实世界的互通互联，具体而言是通过虚拟仿真系统获取 3D 模型，自动检测生产全流程。该项技术不仅可以应用在生产环节的虚拟仿真中，也可以应用在物流仿真中，有利于提前判断并检测出生产环节的纰漏、降低出错率、规避生产风险等。目前，海尔沈阳冰箱工厂通过生产模块化布局，单线产能、单位面积的产出翻番，物流配送距离也比原来减少 43% 左右。

　　新计划经济论者认为，以信息技术为支撑的新计划经济将更具客观性和更具反应性。以信息技术为基础的计划经济以规范化的预设程序进行可行性评估和经济效益分析研究，从而完全排除了长官意志和人为干扰。在过去的计划经济中，人工制订或修改计划，无法适应瞬息万变的市场需求变化。

　　新计划经济论主张计划与市场共存，以计划为主。博丁顿就认为，计划经济本身是世界市场的一个组成部分。我们充分利用市场经济的效率和计划经济的公平，可以减轻市场经济的过度残酷竞争和计划经济的僵化。

　　我们也可以想象一下，在一条供应链的内部，比如整车厂，它生产的车子有大部分都堆放在这个停车场里，多达几万台，甚至几十万台；它不知道谁需要这种车，并且车子停久了，可能就会过时；有的车子可能在存放过程中会产生损坏，中间还有很多浪费。如果是计划经济，它生产的时候就知道谁需要，车子生产出来就被迅速交到客户手上。作为生产者，这样的效率当然是最高的。

"新计划经济"怎样解决传统市场经济中的问题

计划经济就是生产的时候就知道谁需要、需要多少。谁需要什么，企业就去生产什么；谁需要多少，企业就生产多少，这样的效率当然高，浪费当然少。市场经济就是企业生产出来，不知道谁需要，然后通过市场的竞争，把这个产品卖给需求者，而这个需求者并不知道谁能提供这个产品，而是通过广泛的比较，选择一个最适合自己的。市场经济确实有它的作用，比如激励创新和改善，以满足需求者不确定的需求，但市场经济最大的不足是生产时不知道谁需要的盲目性和对需求变动反应的滞后性。

现代信息技术的突飞猛进，为克服这些矛盾、根除弊病，提供了极为有力的工具。它在发挥计划经济优势的同时，消除了市场竞争的盲目性。例如，服装行业进行大批量生产，用大量的库存去满足消费者的个性化需求，但人们总是喜欢穿着跟别人不一样。我在培训时，经常让学员看看周围的人，往往100个人有100个款式，200个人就有200个款式。款式可以通过设计师设计，那尺寸呢？T恤衫还好，西装呢？如果西装不合身会很难看，传统的解决方案是找裁缝，但裁缝人工费用高，产能有限。现在的智能工厂就解决了这个问题。

【案例7-2】大规模个性化定制

青岛红领集团开发出一个性化定制平台，能够精确匹配用户的个性订单需求，并通过自动排单、自动计算、整合板型完成定制。然后数据信息会被传送到布料部门，裁布机器会自动按照订单要求准备布料，每片布料都配一个射频电子标签，每个工人都有一个识别终端来对标签进行识别并完成缝制。这样做使得定制西服价格下降到了一两千元，制作周期缩短为7个工作日（见图7-1）。红领服饰打造的智能工厂，不同于传统服装厂进行标准化批量生产，而是利用数字化技术，开展大规模定制，进行数字化运营，以快速完成设计、成衣制造、人工熨烫、拆装、吊挂，并且全部自动化完成分类及装箱，极大地降低了产品库存量。

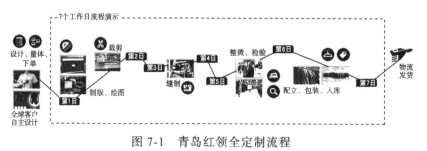

图 7-1　青岛红领全定制流程

美国学者安迪·波拉克和英国学者斯蒂芬·博丁顿于 20 世纪 70 年代提出新计划经济概念时，它的含义就是：通过信息技术进行生产信息和消费信息的采集与处理，在灵活的物流配送体系下对产品的生产、销售、分配、消费进行计划指导。过去的计划经济之所以失败，一个很重要的原因是只从供给一方考虑问题，消费一方没有发言权，也便失去了产品的价值发现功能，时间久了，产品的定价便会偏离价值太远而造成巨大损失。在"新计划经济"时代，企业以需定产，所有的生产都会按照消费需求进行，每一件产品在生产之前都知道它的消费者是谁，并且知道这件产品的标准是怎样的。

究竟什么是"新计划经济"

1. 新计划经济是使用互联网之后的计划经济

互联网普及之前的计划经济，称为"老计划经济"。互联网的出现、数字技术的大量使用，使人类进入了一个新纪元。在这个新纪元中，"新计划经济"的诞生就有了它的必然性。新计划经济是在超大型数据库、计算机、互联网等技术条件下对老计划经济的补充和发展。它通过信息技术进行生产信息和消费信息的采集与处理，在社会化大生产和灵活的物流配送体系下对产品的生产、销售、分配、消费进行计划指导。在消费品市场上，看谁能通过"数字化技术"触摸市场经济那只"看不见的手"，竞争预测的准确性，在供应链上，竞争对接供需的准确性，既有竞争，又有计划，即所谓的"新计划经济"。

2. "新计划经济"是消费者掌握主导权的计划经济

大家可能会反驳这一点，因为消费者总想跟别人不一样，还要货比三家，这个问题怎么解决呢？举个买车的例子，货比三家，消费者可以选择大众，也可以选择通用、丰田；他可以选择进口车，也可以选择国产车；他可以选择这款车，也可以选择那款车；他可以尽情地比较性能、价格、外形等，甚至还可以试驾，比较之后，确定买不买，买什么样的。这时，他可以在网上下单。他把这个确定的需求，通过网络发给了汽车厂，此时就变成了一份订单，汽车厂通过它的 CRM 客户关系系统把这个需求变成了一个销售计划，然后通过 ERP 变成了一个生产计划，汽车厂的 ERP 和其供应商工厂的 ERP 是联通的，此时该汽车厂的供应商就接到了销售需求，进而将其变成了销售计划，并且通过 ERP 将其变成了生产计划、物料需求计划，再把这个需求通过供应链向下传递给它的供应商。整条供应链，由于互联网技术，一环扣一环，因为它是透明的，每个供应链的参与者都知道自己最终的客户是谁、什么时间需要产品、需要多少产品。他们在安排生产的时候就非常具有计划性，效率非常高。当然，这里的计划经济跟传统的计划经济不一样，这个计划经济叫新计划经济。

3. "新计划经济"是定制化满足个性化的经济

采购人最头痛的、供应商最反感的就是"小批量、多品种"。2017 年，我们"CPO首席采购官工作坊"去了云南白药，"CPO首席采购官工作坊"是中国采购商学院定期组织的活动，遵循"学员的问题就是工作坊的主题"原则，每次到一家优秀的企业，结合企业实际情景进行解读。这一次我们选择了云南白药，云南白药采购中心总经理李春平提出的问题是"小批量、多品种"。刚开始大家觉得奇怪，药厂怎么会有小批量、多品种的问题。近几年，我到企业培训，经常听到有人说"我们公司很特殊，采购很不好做，总是批量很小"。在这次"CPO首席采购官工作坊"中，我让到场的30位采购总监一一回答一下自己企业里是否有小批量、多品种的问题，回答结果是每家企业都有。于是，我"慷慨激昂"地对大家说："小批量、多品种是常态，不但是常态，还是趋势。既然是常态，大家就要接受，既然是趋势，大家就要积极地面对。"前面提到的青岛海尔互联工厂、红领西服给大家做了最好的回答。

再举个例子：中国农民选择农作物一般都比较喜欢跟风，去年种什么比较赚钱，今年就会种什么，最终每年跟风种植的作物一般都会跌价，没人种植的作物价格就会飙涨，等反应过来也晚了，需要很长时间才能平衡。这样的自由市场其实是浪费极大的，也容易产生类似"蒜你狠""豆你玩""姜你军"的投机行为，最终受害的是消费者和农民。未来"计划经济"会通过收集全国各农作物的市场需求信息，从而引导各地农民制订种植计划，并将种植计划在全国进行对比之后，若发现某种作物种植的人太多了，就可以引导一些人修改种植计划，最终可以大致达到种植计划对口市场需求的目的。这样依靠大数据和信息化可以减少市场的盲目性和浪费，甚至可以实现工厂化的农业，直接按订单种植。

在工业品市场上，库存和压货是吞噬厂商利润的黑洞。中国零售商品的零售价往往是成本的5倍，眼镜、珠宝、奢侈品的零售价往往是成本的几十倍甚至上百倍，如此巨大的价格差异就是层层库存、压货加价和终端零售成本高昂造成的。倘若这些行业通过新计划经济实现了"零库存"，消费者将不必为厂商的库存和浪费买单，因而，物价将可能大幅度下降。

如果我们把以上观点用现在流行的"互联网+"语言进行表述，就是C2B。过去是B2C，商家（厂家）揣摩猜测客户、消费者用什么、用多少，然后开发生产，用尽各种手段讨好消费者把它销售出去；未来是C2B，商家（厂家）根据消费者购买产品所产生的大数据已经精准了解消费者或客户的需求，甚至消费者/客户已经参与了产品设计，生产者完全是按照需求者的需求生产的。

在数据打通的范围内，我们可以采用计划经济，比如超大规模的阿里巴巴集团内部打通数据的供应链，又如一个城市所有停车场数据打通时，汽车停车位可以得到合理使用。但由于人的动机很难获知，所以市场经济在发挥人的主观能动性方面仍有其不可替代的作用，尤其是在企业家创新智慧的发挥方面，市场可能更有不可替代的作用。

供给侧结构改革改什么？一是产能过剩，需要优化；二是提升价值，满足消费者。新计划经济为供给侧改革提供了一个思路，数字化为新计划经济提供了技术支撑。

怎样才能实现新计划经济

B2C 转 C2B 就是这个转型的路径和标志。

长久以来，B2C（商对客）一直占据着传统商业模式的主流，店家提供既定种类的商品，消费者只能在这个有限的范围内进行选择。如今，随着新兴技术的出现，个性化消费理念逐渐觉醒，B2C 正在发生逆转，C2B（客对商）的时代即将开启，消费者将由被动变为主动，他们的个人喜好将主导企业的生产特色。未来的生意将是 C2B 而不是 B2C，用户改变企业，而不是企业按照一个标准生产产品，出售给所有用户，制造商必须个性化，否则将难以生存。

C2B 模式是新计划经济的主要实现形式。所谓"C2B"，就是消费者提出要求，制造者据此设计消费品、装备品。以消费者数据为基础的消费者喜好和需求画像倒逼产品的设计、研发、生产、供应链、营销等制造业供给侧的多个环节。

C2B 模式的主要特征是：在前端，它们或是提供相对标准化的模块供消费者组合，或是吸引消费者参与到设计、生产的环节中；在内部，它们提升组织能力，以个性化定制方式服务于海量消费者；在后端，它们积极调整供应链，使之具备更强的柔性化特性。

这也是工业 4.0 的本质，未来工业 4.0 将实现工厂、消费者、产品、信息数据的互联，最终实现万物互联，从而重构整个社会的生产方式，即利用物联网、大数据、移动互联网的手段，使工厂实现定制化生产（按需生产），从而实行从消费需求到工厂制造、后续服务的一体化。与自由竞争的市场经济相比，"新计划经济"最大的好处是消费者的需求在先，生产在后，两者精确匹配，因此，不会产生库存（生产过剩）的问题。"新计划经济"将重构整个社会的供应关系。

比如买鞋子，合适不合适只有脚知道，过去生产者不可能知道所有人的脚，所以不可能按照每个人的脚生产鞋。但智能制造解决了这个问题，你看中了某个品牌和款式的鞋子，只要你用手机将自己的双脚拍一张照片发到这个品牌的企业，犹如人脸识别，该企业就能运用技术手段将你的双脚数据化，并把这些数据输入鞋子的制造系统中。系统通过柔性化生产系统，便可以给你生产出只有你穿才合脚的鞋子。

在传统的生产方式里，产品是生产者说了算，消费者只需要根据自己的需求决定买或者不买。C2B 却引起了一场"消费关系"的大解放，未来的消费关系是：消费者需要什么，生产者就得生产什么，这是一个逆向生产的过程。此外，生产商之间比拼的不再是价格，而是谁能最先对接消费者的需求，并且完成消费者需求的精准程度。此时，生产商不会有库存，也不会有恶性竞争，社会成本极大地降低了。

物联网、虚拟现实（VR）、3D 打印帮助企业由 B2C 实现 C2B

近年来，随着智能制造技术的兴起，传统的 B2C 商业模式正在发生逆转，C2B 时代即将开启。物联网、虚拟现实（VR）、3D 打印技术将帮助企业由 B2C 实现 C2B。

1. 物联网：全面而细致的数据抓手，让企业更懂消费者

虽然消费者在 C2B 中占据相对主动的地位，但这并不意味着企业只能被动等待消费者提出需求，要赢得 C2B 这场新博弈，企业同样可以做到有备无患，即企业可以预先了解消费者的具体需求，然后在产品中先行改进。

消费者的行为习惯、兴趣偏好都隐藏在他使用产品的种种细节里，而这些细节又可以转化为数据的形式呈现出来。数据对企业而言是一笔重要的财富，企业挖掘它的最得力抓手，便是当前正在大规模落地的物联网技术。

当前，越来越多的企业试图将它们的产品"智能化"，其中一项重要措施就是在产品中安装物联网装置，如 RFID 视频识别码，实现对产品的终生追踪。这大多是出于远程维护、提供咨询的需要，但与此同时，企业也可以将这些数据用于改善设计，在客户提出要求前，就推出直抵其心灵深处的贴心产品。

这里举个有趣的例子，日本神户牛肉很贵，因为人们可以"定制"。怎么定制呢？你可以提前订某头牛的具体某个部位。怎么保证你吃的时候就是那头牛、那个部位呢？牛出生时候，就可以在牛的身上植入 RFID 芯片，于是这头牛的成长过程就会被全程记录下来，包括它生了什么病，吃了什么药，并且屠宰、上餐桌的全部过程也都是可追踪的。

2. 虚拟现实：将消费者不满意的个性化方案排除在模型阶段

C2B 模式固然对消费者更具吸引力，但存在一个颇具风险性的挑战，那就是消费者的个性化需求存在不合理之处或者企业的最终成品不符合消费者的预想。这两种情况一旦出现，不仅会给企业造成损失，也会大大降低消费者的满意度。这样的 C2B 就会弄巧成拙，使优势尽失。

如何让消费者意识到其订单中的不合理之处，以及如何避免消费者在拿到产品实物后反悔呢？虚拟现实提供了经济而有效的解决之道。在正式投产之前，企业往往需要先建立产品的数字化模型，如今越来越多的企业选择把 VR 平台作为建模工具。消费者可以通过佩戴 VR 头显装置 360 度观察产品的逼真模型，进而做出继续修改或直接生产的选择，把一切争议都解决在虚拟阶段，大幅减少投产之后的物质材料浪费问题。

3. 3D 打印：制作个性化产品的实力担当

3D 打印似乎天生便是为个性化定制而生的技术。要把消费者的多样化需求付诸实物，同时保证较为经济的生产成本，3D 打印具有得天独厚的优势，可谓 C2B 的核心支柱之一。我们不妨从一个例子中来感受一下。在传统的制鞋业，从来都是脚适应鞋，而 3D 打印却可以让鞋去适应脚。2017 年 9 月，增材制造巨头惠普公司推出了一个面向零售业的全新 3D 打印端到端解决方案，它通过 3D 打印扫描平台获取消费者脚的数据，再据此运用 3D 打印设备生产私人专属的鞋子、鞋垫等产品。该方案在真正贴合消费者所需的同时，还帮助鞋商大大节省了材料成本，缩短了生产时间，形成了双赢格局。说到 3D 打印，随着桌面级设备在普通消费者中的渐渐普及，人人皆可设计，人人皆可生产，个人的创造力将被全面激活。届时，C2C（客对客）模式也将充分迸发活力，与 C2B 共领时代风骚。

供应链管理要解决的核心问题，就是组织高效协同、供需精准对接。工业 4.0、中国制造 2025 提到的智能制造能够解决这个核心问题，智能工厂因此诞生。

"智能工厂"重点研究智能化生产系统及过程，以及网络化分布式生产设施的实现；"智能生产"主要涉及整个企业的生产物流管理、人机互动以及 3D 技术在工业生产过程中的应用等；"智能物流"主要通过互联网、物联网、物流网，整合物流资源，充分发挥物流资源的作用。

为了让大家对本章内容多些理解，我这里画了一幅图（见图 7-2），供大家理解参考。

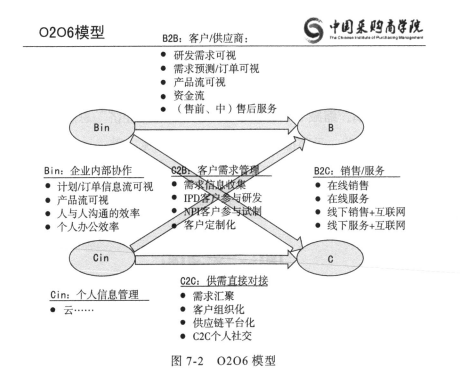

图 7-2　O2O6 模型

取名 O2O6 模型，意思是线上线下（online to offline）6 种配合模式，分别为 B2B（商对商）、B2C（商对客）、C2B（客对商）、C2C（个人之间）、Bin（企业内部）和 Cin（本人）。这里强调线上线下，是想说明再美的线上也离不开线下的支持，再勤劳的线下，也需要线上打通，人们越来越懂得，两者必须结合互补。谁简单地把线下搬到线上，都必将失败，谁忽视线上互动，都必将面临存活问题。

结语

数字时代，人的行为习惯变了，商业逻辑变了，企业管理方式变了。

人们从"企业的一颗螺丝钉"到"追求自我，个性张扬"，企业从"供给主导"到"需求拉动"，管理从"管控"到"赋能"。信息让管理透明，数据让管理智慧；智能采购、数字物流、互联质控，全供应链数字化；网络化协同、智慧化决策，绩效也不过是数字留下来的痕迹。

工业时代，有没有产品、产品好不好，由供给者决定；互联网时代，生产什么、生产多少，一切基于客户需求。

随着大数据时代的到来，信息不对称大幅度降低，5G技术大幅提升了信息传输效率，缩减了信息获取成本；"新计划经济"思想可以提供很多解决问题的思路，无限抵近市场经济那只看不见的手。

欢迎大家持续关注微信公众号"宫迅伟采购频道"，进行更深入的交流。

本章执笔人：宫迅伟，中国采购商学院首席专家。

附 录

数字化采购术语

为了方便大家阅读，本附录列举了一些书中谈到的术语。

大云物移智

也称"云物移大智"：大数据、云计算、物联网、移动互联网、人工智能。

大数据（big data）

大数据是指无法在一定时间范围内用常规软件工具进行捕捉、管理和处理的数据集合，是需要新处理模式才能具有更强的决策力、洞察发现力和流程优化能力的海量、高增长率与多样化的信息资产。维克托·迈尔在《大数据时代》一书中指出，大数据是指不用随机分析法（抽样调查）这样的捷径，而对所有数据进行分析处理。

IBM提出大数据的特点是5V：大量（volume）、高速（velocity）、多样（variety）、低价值密度（value）、真实性（veracity）。

数据处理技术（data technology，DT）

IT（information technology，信息技术）是以自我控制、自我管理为主的技术，而DT是以服务大众、激发生产力为主的技术。两者之间看起来似乎是一种技术的差异，但实际上是思想观念层面的差异。

应用举例：数据处理技术通过对现场作业人员的行为、设备检修与运行等状态进行分析，为各行业提供专属的整体解决方案，通过对智能巡检、隐患排查、重大危险源的识别预警、作业现场的过程管控、关键设备装置的风险管控的分析和整改措施的积累形成专家知识库、隐患排查库、风险预测库，提供设备状态监测、分析和诊断的大数据平台，对设备故障进行检测分析和故障早期预警并做出决策分析，以提高生产设备运行安全性与可靠性。阿里巴巴的余额宝等互联网金融产品，就是在数据的支持下创新出来的。

数据挖掘（data mining）

数据挖掘一般是指从大量的数据中通过算法搜索隐藏于其中信息的过程。通过统计、在线分析处理、情报检索、机器学习、专家系统（依靠过去的经验法则）和模式识别等诸多方法将这些数据转换成有用的信息和知识。获取的信息和知识可以广泛用于各种应用中，包括商务管理、生产控制、市场分析、工程设计和科学探索等。

云计算（cloud computing）

云计算是一种大众用户通过互联网按使用量付费的模式，这种模式提供可用的、便捷的、按需的网络访问，进入可配置的计算资源共享池（资源包括网络、服务器、存储、应用软件、服务），这些资源能够被快速提供，只需投入很少的管理工作，或与服务供应商进行很少的交互。云计算概念的核心就是，资源是动态、易扩展而且虚拟化的，通过互联网提供。云计算概念在不同的场上有不同的理解。

应用举例：利用云端安全可靠的数据中心，提供中心化云端控制管理，实现远程、在线的人员、设备状态管理。

物联网（internet of things，IoT）

物联网就是物物相连的互联网。这里有两层意思：其一，物联网的核心和基础仍然是互联网，是在互联网基础上延伸和扩展的网络；其二，其用户端延伸和扩展到了任何物品与物品之间，进行信息交换和通信，也就是物物相息。物联网通过智能感知、识别技术与普适计算等通信感知技术，广泛应用于网络的融合中，也因此被称为继计算机、互联网之后世界信息产业发展的第三次浪潮。物联网是互联网的应用拓展，应用创新是物联网发展的核心。

应用举例：融合 RFID、智能传感器、视频、红外等多种感知技术设备，对区域活动、设备安全、状态监测、人员活动、外操巡检监控等方面的管理实现智能化，促进人、设备、数据实时双向互联，提高设备全方位、全生命周期管理水平，将被动监控转变为主动防御，保障"安全生产"；还可以把虚拟现实（VR）、增强现实（AR）技术应用到 VR 设备和移动终端上，实现巡视、检修作业可视化安全管控，利用 VR 技术让现场作业人员通过在三维虚拟场景中分析以往的事故案例，学习应对事故的措施。

移动互联网（mobile internet，MI）

移动互联网就是将移动通信和互联网二者结合起来，是互联网的技术、平台、商业模式和应用与移动通信技术结合并实践的活动总称。移动互联网包含终端、软件和应用三个层面。终端层包括智能手机、平板电脑、电子书、MID 等；软件包括操作系统、中间件、数据库和安全软件等；应用层包括休闲娱乐类、工具媒体类、商务财经类等不同的应用与服务。随着技术和产业的发展，未来，LTE（长期演进，4G 通信技术标准之一）和 NFC（近场通信，移动支付的支撑技术）等网络传输层关键技术也将被纳入移动互联网的范畴中。

应用举例：通过智能终端 App 接入云平台获取设备信息，移动监控、实时掌握设备运行情况，及时发现隐患，实现缺陷管理，确保设备可靠运行。

人工智能（artificial intelligence，AI）

它是研究、开发用于模拟、延伸和扩展人的智能的理论、方法、技术及应用系统的一门新的技术科学。该领域的研究包括机器人、语言识别、图像识别、语言处理和专家系统等。人工智能研究的一个主要目标是使机器能够胜任一些通常需要人类智能才能完成的复杂工作。

人工智能的定义可以分为两部分，即"人工"和"智能"。"人工"比较好理解，"智能"涉及的问题就比较多了，诸如意识、自我、思维（包括无意识的思维）等问题。

应用举例：结合图像智能识别与分析处理技术，从而能够精准实现人员作业与设备状态的在线实时管理、图像识别、智能视频分析、风险识别预警与智能管控等功能。

商业智能（business intelligence，BI）

商业智能是一套完整的解决方案，用来将企业中现有的数据进行有效的整合，快速、准确地提供报表并提出决策依据，帮助企业做出明智的业务经营决策。

商业智能的概念最早在 1996 年提出。当时商业智能被定义为一类由数据仓库（或数据集市）、查询报表、数据分析、数据挖掘、数据备份和恢复等部分组成的，以帮助企业决策为目的的技术及其应用。这些数据可能来自企业的 CRM、SCM 等业务系统。商业智能能够辅助的业务经营决策，既可以是操作层的，也可以是战术层和战略层的。

为了将数据转化为知识，企业需要利用数据仓库、联机分析处理（OLAP）工具和数据挖掘等技术。因此，从技术层面上讲，商业智能不是什么新技术，它只是数据仓库、OLAP 和数据挖掘等技术的综合运用。我们把商业智能看成一种解决方案应该比较恰当。商业智能的关键是从许多来自不同的企业运作系统的数据中提取出有用的数据并进行清理，以保证数据的正确性，然后经过抽取（extraction）、转换（transformation）和装载（load），即 ETL 过程，合并到一个企业级的数据仓库里，从而得到企业数据的一个全局视图，在此基础上利用合适的查询和分析工具、数据挖掘工具、OLAP 工具等对其进行分析与处理（这时信息变为辅助决策的知识），最后将知识呈现给管理者，为管理者的决策过程提供数据支持。

商业智能产品及解决方案大致可分为数据仓库产品、数据抽取产品、OLAP 产品、展示产品以及集成以上几种产品的针对某个应用的整体解决方案等。

虚拟现实（virtual reality，VR）

虚拟现实技术是一种可以创建和体验虚拟世界的计算机仿真系统，它利用计算机生成一种模拟环境，是一种多源信息融合的、交互式的三维动态视景和实体行为的系统仿真，可以使用户沉浸到该环境中。

增强现实技术（augmented reality，AR）

增强现实技术是一种实时地计算摄影机影像的位置及角度并加上相应图像、视频、3D 模型的技术，这种技术的目标是在屏幕上把虚拟世界套在现实世界并进行互动。这种技术于 1990 年提出。随着随身电子产品 CPU 运算能力的提升，预期增强现实技术的用途将会越来越广。

区块链（block chain）

从狭义上讲，区块链是一种按照时间顺序将数据区块以顺序相连的方式组合成的链式数据结构，并以密码学方式保证的不可篡改和不可伪造的分布式账本。

从广义上讲，区块链技术是利用块链式数据结构来验证与存储数据、利用分布式节点共识算法生成和更新数据、利用密码学的方式保证数据传输和访问的安全、利用由自动化脚本代码组成的智能合约来编程和操作数据的一种全新的分布式基础架构与计算方式。

VUCA 时代

宝洁公司首席运营官罗伯特·麦克唐纳（Robert McDonald）借用一个军事术语来描述这一新的商业世界格局："这是一个 VUCA 的世界。"

V=volatility（易变性）是变化的本质和动力，也是由变化驱使和催化产生的；U=uncertainty（不确定性）缺少预见性，缺乏对意外的预期和对事情的理解和意识；C=complexity（复杂性）指企业为各种力量、各种因素、各种事情所困扰；A=ambiguity（模糊性）指对现实的模糊，是误解的根源，各种条件和因果关系混杂。VUCA 中的每个元素的深层含义是用来提高 VUCA 的预见性和洞察力，以及提高组织和个人在企业中的行动力。

可视化（visualization）

可视化是利用计算机图形学和图像处理技术，将数据转换成图形或图像在屏幕上显示出来，并进行交互处理的理论、方法和技术。

供应链可视化（supply chain visibility）协同商务框架的制定以 GMA/FMI/AT Kearney 的定义为基础，包括 7 个不同的层次：共同的数据标准、统一产品注册和目录、产品信息同步、协同交易管理、协同供应链管理、协同销售和促销计划以及协同产品开发和绩效，并分别对应 CPFR（collaborative planning forecasting and replenishment，协同计划、预测和补给）的分析、战略和计划、需求和供应链管理、供应链执行等层面。

文档可视化可以对业务进行中的文档发送 / 接收、处理的状态跟踪。

业务过程可视化为内部以及交易伙伴的电子订单处理、收发货业务协同、物流操作，提供基于互联网浏览器的从数据传输、业务数据、结果差异到实时异常不同层次的能见性，极大地提升了供应链的透明度。

KPI 绩效可视化可以扩展企业的订单、发货以及发票信息，为企业重新诠释端对端供应链的概念。用户可以发现延迟和瓶颈，找出表现不佳的贸易伙伴。KPI 绩效可视化能够协作多方共享绩效指标，如订单满足率、准时到达率、货架缺货率等，应用这些重要的依据指导供应链管理乃至指导产品策略。

智能合约（smart contract）

智能合约是一种旨在以信息化方式传播、验证或执行合同的计算机协议，是一套以数字形式定义的承诺，并且合约参与方可以在上面执行这些承诺的协议。智能合约允许在没有第三方的情况下进行可信交易，这些交易可追踪且不可逆转。智能合约的目的是提供优于传统合约的安全方法，并减少与合约相关的其他交易成本。

SCAN 专业采购 4 大核心能力

（1）供应商管理（supplier management）涉及对供应商的一切管理机制，包括制度、流程、方法、技巧，如选择、评估、准入、淘汰、提升、绩效管理等。

供应管理（supply management）由三部分组成：采购与供应管理（purchasing and supply management）、生产和运营管理（production and operations management）以及物流管理（logistics management）。

供应链管理（supply chain management）即企业对供应、需求、原材料采购、市场、生产、库存、订单、分销发货等的管理，包括从生产到发货、从供应商的供应商到顾客的顾客的每一个环节。

（2）成本分析（cost analysis）是利用核算及其他有关资料，对成本水平与构成的变动情况进行了解，系统研究影响成本升降的各个因素及其变动的原因，寻找降低成本的途径的分析。它是成本管理工作的一个重要环节。成本分析有利于企业正确认识、掌握和运用成本变动的规律，实现降低成本的目标；有助于进行成本控制，正确评价成本计划完成情况，还可为制订成本计划、经营决策提供重要依据，指明成本管理工作的努力方向。

（3）合同管理（agreement management）由洽谈、草拟、签订、生效开始，直至合同失效为止。企业不仅要重视签订前的合同管理，更要重视签订后的管理。系统性就是指凡涉及合同条款内容的各部门都要一起来管理。动态性就是指企业要注重履约全过程的情况变化，特别要掌握对自己不利的变化，及时对合同进行修改、变更、补充或中止和终止。

（4）谈判技巧（negotiation skills）。谈判是有关方面就共同关心的问题互相磋商，交换意见，寻求解决的途径和达成协议的过程。谈判技巧揭示了谈判的核心技巧和实战经验，详细给出了谈判过程中真正需要掌握的关键点。谈判过程中最重要的是平衡双方的利益。谈判是一门艺术，通过谈判，我们可以以最好的方式获得自己想要的东西。

线上线下（online to offline，O2O）

线上线下是指将线下的商务机会与互联网结合，让互联网成为线下交易的前台，这个概念最早源于美国。O2O 的概念非常广泛，只要产业链中既涉及线上，又涉及线下，就可通称为 O2O。O2O 电子商务模式需具备五大要素：独立网上商城、国家级权威行业可信网站认证、在线网络广告营销推广、全面社交媒体与客户在线互动、线上线下一体化的会员营销系统。一种观点是，一家企业能兼备网上商城及线下实体店两者，并且网上商城与线下实体店全品类价格相同，即可称为 O2O；也有观点认为，O2O 是 B2C 的一种特殊形式。

B2B（business-to-business）

B2B 是指企业与企业之间进行数据和信息交换、开展活动的时候，通过专用网络或互联网传递的一种商业模式。它将企业内部网和企业的产品及服务，借助 B2B 网站或移动客户端与客户紧密结合起来，通过网络的快速反应，为客户提供更好的服务，从而促进企业的业务发展。

B2C（business-to-customer）

B2C 的中文意思为"商对客"，是直接面向消费者销售产品和服务的一种商业零售模式。例如线下的实体店以及目前很多独立在线商城，在那里商户和线上顾客进行交易。

BBC（business-to-business-to-customer）

BBC 的中文意思为"商对商对客"。这个模式比 B2C 要更加全面一点，例如淘宝网站就有这种模式，最高层是淘宝平台，然后下面有各种商户，之后商户下面才是顾客。

C2B（customer to business）

C2B 即消费者到企业，这一模式改变了原有生产者（企业和机构）和消费者的关系，是一种消费者贡献价值（create value），企业和机构消费价值（customer value）。C2B 模式和我们熟知的供需模式（demand supply model，DSM）恰恰相反。

真正的 C2B 应该先有消费者需求产生，而后有企业生产，即先有消费者提出需求，后有生产企业按需求组织生产。通常情况为消费者根据自身需求定制产品和价格，或主动参与产品设计、生产和定价，产品、价格等彰显消费者的个性化需求，生产企业进行定制化生产。

C2C（customer to customer）

C2C 就是消费者个人间的电子商务行为。比如一个消费者有一台计算机，通过网络进行交易，把它出售给另外一个消费者，此种交易类型就称为 C2C 电子商务。

P2P（peer-to-peer）

P2P 表示个人对个人、端对端、点对点，即双方的位置是平等的。从一定程度上讲，这是一种模式，如服务器之间的对等数据交换等。同时，P2P 也指一种金融信贷产品，在这种平台上，双方可以更好地进行资金匹配和交换。

P2C（production to consumer）

P2C 的中文意思为商品和顾客，产品从生产企业直接送到消费者手中，中间没有任何交易环节。它是继 B2B、B2C、C2C 之后的又一个电子商务新概念，在国内叫作生活服务平台。

SCAN专业采购四大核心能力

书号	书名	定价	作者
978-7-111-51574-6	如何专业做采购	49.00	宫迅伟
978-7-111-58520-6	中国好采购	49.90	宫迅伟
978-7-111-61388-6	采购2025：数字化时代的采购管理	69.00	宫迅伟 等
978-7-111-64175-9	采购全流程风险控制与合规	69.00	宫迅伟 等
978-7-111-64176-6	全面采购成本控制	69.00	宫迅伟 等
978-7-111-64200-8	供应商全生命周期管理	69.00	宫迅伟 等
978-7-111-64267-1	中国好采购2	79.00	宫迅伟
978-7-111-65621-0	全情景采购谈判技巧	69.00	宫迅伟 等
978-7-111-65664-7	采购之道	89.00	宫迅伟 等
978-7-111-69564-6	中国好采购3	79.00	宫迅伟
978-7-111-70772-1	全品类间接采购管理	79.00	宫迅伟 等

"日本经营之圣"稻盛和夫经营实录（共6卷）

跨越世纪的演讲实录，见证经营之圣的成功之路

书号	书名	作者
9787111570790	赌在技术开发上	【日】稻盛和夫
9787111570165	利他的经营哲学	【日】稻盛和夫
9787111570813	企业成长战略	【日】稻盛和夫
9787111593256	卓越企业的经营手法	【日】稻盛和夫
9787111591849	企业家精神	【日】稻盛和夫
9787111592389	企业经营的真谛	【日】稻盛和夫